JN099294

子どもが自ら学びだす

「教えない授業」を創る

はじめの一歩から「セルフ授業」まで

西留安雄／著

ぎょうせい

はしがき
～学習スタンダードの誕生～

私が全国を訪問するようになった背景には、東京都東村山市立大岱小学校時代の学校改革の成功体験があったからだ。授業改革と校務改革の両面から学校改革を行った。それが結果的に良かった。授業による子どもの成長を促すことができたからだ。

当時は、教師の個人芸的な授業をよしとする時代であった。多くの専門家を講師に入れても、その教科だけの授業論が先行し、全教師には響かなかった。とりわけ、同一学年の教科でも、教師により授業展開の方法が異なることが多かった。

そこで、ある日の６時間目の授業後の板書を消さないことを伝えた。全教師で、板書を見て回り、教師によって指導方法が大きく異なることに気づかせた。また、同じ指導方法をとることの重要性を感じとらせた。学び方の指導方法を統一するための教師の受け止め方はよかった。教科横断的に指導方法を共通させることの必要性も教師から自然と出てきた。

その時の財産が「学習スタンダード」だ。開発に当たって重視したことは、子どもたちが読んでもよく分かる資料、理論よりも具体的な学び方が書いてある資料にしたことだ。全学級で学習スタンダードの授業が行われるようになり、子どもたちの授業へ向かう姿勢は変わった。とりわけ目が輝き始めた。これまでの授業常識を変え、分からなければすぐに仲間に聞きに行く。座学より「動く学び」ができるようになったからだ。

自校で開発した「学習スタンダード」を全国に持参した結果、各地でも行われるようになった。教師中心ではなく、子どもたちが主体的に授業を進める学びは、全国の学校課題を解決することにもつながった。

本書は、全国の学校や教育委員会の指導の際にまとめたブログ「授業備品」を元に加筆補正を加えてまとめたものである。授業備品は、学校や教育委員会を訪問し、そこでの実践について気づいたことや改善策をまとめたものだ。それを「授業備品」と名付けた。訪問後、即、改善策をまとめたいと思い、ある時は飛行機の中で、また駅構内等でパソコンに向かう自分がいた。書き始めて８年。今現在 200 を優に超えるまで続いている。本書の各項目の末尾に「授業備品」の所収を記してあるので、「西留安雄の教育実践」のブログも参照していただきたい。

全国の学校や教育委員会の先生たちがいたから今の自分がいる。そう思えることは、とても幸せなことだ。だが、今になって気づく。かけがえのない方々との出会いであった、と。もっと伝えるべき言葉があった、と。本書は、その際、お話しできなかったことを補ってくれると思う。どうか、本書を参考にして、学び方を開発していただきたい。

2023 年３月

日本新たな学び方研究開発ネットワーク会長

西留安雄

子どもが自ら学びだす「教えない授業」を創る

はじめの一歩から「セルフ授業」まで

■目次■

第Ⅰ部 「教えない授業」を創る

第１章 真に子ども主体の授業とは

第２章 これからの学習指導

第３章 授業づくりの基本と応用

第４章 学習スタンダードをひも解く

第Ⅰ部

「教えない授業」を創る

【本書に登場する主な用語】

●**言語わざ**　意見を述べたりする場合に使う言語スキル。順序だてて話したり、意見を比べたり、理由を述べたり、同じところ・違うところを指摘したりする場合に、「まず」「次に」「同じところは」「○は△より」「○と△から分かることは」など、子どもたちが共通して使う言葉のルール。

●**教科リーダー（学習リーダー）**　授業の司会・進行役となる子どものこと。事前に本時の流れなどを教師と打ち合わせたり、授業の準備を行ったりもする。リーダーは代わる代わる担当する。

●**グーパー**　提示された課題に対し、解決の見通しが持てるかどうかを意思表示するハンドサイン。グーは「分からない」「見通しが持てない」、パーは「わかる」「見通しが持てる」という意味。

●**グッズ**　㋱（めあて）、㊫（課題設定）、㊮見通し、㋫（ふりかえり）など、学習過程のポイントを示す掲示物のこと。本書では、子どものアクティブな学習の姿を具現化するため、㊂（気付き）、㊂（調べたいこと）、㊂（自力解決）、㊂（集団解決）など、数多くのグッズを提案する。

●**孫カード**　グループ討議をする際にホワイトボードに貼るグッズカードのこと。板書に示されたグッズと同じものを用意され、子どもたちが自らの学習場面を自覚しながら話し合いが進められるように工夫されたもの。

●**ぶつぶつタイム**　自分の考えをつぶやく学習場面。

●**ぶらぶらタイム（ぶらぶらメモタイム）**　友達の席や、他の班に行って他の皆の意見を聞きに行く学習場面。様々な考えに触れたり、自分の考えを深める学びを目指す。メモを取りながら移動するものが「ぶらぶらメモタイム」。

●**セルフ授業**　子どもたちだけで進める授業。教科リーダーを中心に、言語わざやグッズを駆使しながら、進めていく究極の子ども主体の授業。

●**T－サイレント授業**　教師（T）があまりしゃべらない（サイレント）授業。教師は主に教科リーダーに助言をするにとどめ、あくまで子ども主体で進めていくタイプの授業。セルフ授業の前段階。

第 1 章

真に子ども主体の授業とは

101　とにかく授業を変えよう

全国学力・学習状況調査の結果を見ると、「探究学習」に取り組んでいる学校においてよい結果が出ているように見える。「探究」に向けて授業が変われば、結果はついてくる。とにかく授業を変えよう。

1　社会の変化に学校はついていけるか

社会の変化が著しいといわれるが、社会の変化とは何だろう。私なりに解釈すれば、①人口減少が続く日本、②デジタル化の加速、③仮想と現実の境目が分からなくなる、④コロナ禍で生み出された新たな学校文化等であろう。

こうした社会の変化の中で育む「生きる力」とは、①早くから自分のことを客観的に見る力（メタ認知）、②自分の課題を解決していく力（課題解決力）、③異なる背景を持つ人と対話できる力（多様性）、④世界との競争に参加できる力（グローバル化）等が考えられる。社会の変化に対し、こうした力をつけることが日々の授業改革で求められていると思う。

2　授業の現実

社会の変化に対応した教育・授業が求められているが、いまだに教師主体で教科書の内容を教える授業を見る。学習指導要領がいくら変わっても、基礎基本の習得をさせる授業が必要、授業規律が重要、教師が教えるのが授業と思い込んでいて、なかなか授業を変えたがらない学校・教師の文化だ。

なぜそうした思い込みの教師がいるのか、日本の授業がなぜ変わらないかと考えたとき、授業者や教育のこれまでの在り方に行き着く。それは、教師側の論理で「教育をする」「授業をする」がとても強いことだ。誰しも、子どもが主体的な授業が重要という。だが、教育や授業の主人公である、「子ども」の側から授業論や考え方を重視することが反映されていない。

また、教科の見方・考え方の育成が重要と考え、それに特化した授業も見る。よく見ると子ども主体の授業はどこかにいき、教師が目立つ授業となっていることが多い。授業で知識を豊富にする、進学に向けた授業が大事だというが教育の究極の目標である「人づくり」は、そうした授業の中には見えない。

3　変わらない変われない教師

校内で授業の流れを統一した「学習スタンダード」を持っている学校は、若手もベテランも協働的に授業をつくっている。しかし、個々人の力量や手法に任せた授業を行っている学校では、いかに主体的な学びや対話的な学びの授業を行っているといっても、従来の日本型教育（教師主体・一斉指導・一問一答の授業・教師が没頭して身に付けた知識を教えている）から抜けだせない授業を見る。

子どもたちを受け身にさせたまま授業を主導しているかぎり、子どもの主体的な学びの実現はできない。また、**従来型授業の方法の一つである「挙手・指名・発表」の手法で教師に向かって一部の子どもだけが話す旧態依然とした授業形態では、根拠をもって話す、相手への確かな説明をする等、「対話的な学び」や「協働的な学び」にはほど遠い。**子どもに対話相手への受容や共感がない、安心して話せない、そうした中で、子ども同士の対話を求めても「対話的な学び」は成立しない。このことが子どもの成長を止めている。気付いているだろうか。とにかく授業を変えよう。そのためには、「学習スタンダード」をもとに教師も子どもも学ぶしかない。

4　自立を促す学校

人間以外の動植物は、親がわが子の自立の時期になると子どもを突き放すという。これに習えば、私たち教師もおのずと「教える」から、「自立を促す」教育への転換が見えてくる。

授業や教育を難しく捉えてはならない。教師側から子どもに知識や思考力を一方的に身に付けさせる授業では、人としての生き方は身に付かない。だからこそ、今次の学習指導要領の改訂がある。受験学力を身に付けて、その時には目的を成就しても、子ども自身に自立して学びに向かう力がないと、変化の激しい社会の中で生きていくことは難しい。つまり、**これからの学校は、「子どもの自立を促す学校」と捉えることが必要だ。**そう考えれば、教師の授業観も変わり、教師自身の立ち位置も変わってくるであろう。

5 「子どもが主体」の徹底

学習指導要領は、とりわけ教師主体の授業から子どもが主体の授業への転換を促している。この「子どもが主体」の授業は多くの学校の研究テーマになっている。だが、時には、どこが「子どもが主体」なのか分からない授業がある。「今から主体の時間です」と指示をして子どもに対話させる授業は本当に「子ども主体」の授業なのだろうか。このような授業では、研究協議会でどのように「主体的・対話的で深い学び」が議論されても、授業は子どもにとって「がまん」の時間にしかならない。なぜ「子ども主体」とする研究主題と教師の授業が乖離するのか。

それは、教師が①教科の世界に没頭している、②答え探しにいっている、③子どもの学力の差があるのを知っているが公には出さない、④分かる子と教師だけの協働授業となっている等が原因であろう。こうしたことの解決が求められる。

そのためには、授業の在り方や子どもの学習の進度差の捉え方を考えることである。具体的には、「子どもが主体」の授業を行っている学校に学んでみよう。まずは「学習スタンダード」の徹底、学びの進度差を子どもの力で解決させる（少人数での対話、分かる子が助けるといった学び合い、教え合い）等、授業自体の在り方を検討する必要がある。

6 最初は「活動あって学びなし」でもよい

かつて総合的な学習の時間に対し、「活動あって学びなし」といった議論があった。この議論を聞くたびに、**とにかく活動している時間があることだけでも素晴らしいと自分に言い聞かせてきた。**それは、子ども全員が主体的に活動できるからだ。分かる子による発表と教師だけが対話する授業では、学習の進度の遅れが大きい子どもにとっては、お客さん状態が続く。「絶対安静」の授業だ。それも一日中、教師の話を聞く授業では、子どもが逃げ出したくなるのは当然のことだ。だからこそ話し合いの活動を大事にしなければならないことが分かる。

最初は単に発表し合う活動でもよい。グループ学習が多くあってよい。ワールドカフェがあってもよい。プレゼンテーションやディベートのような新たな授業の型を導入してもよい。こうした活動がたくさん行われることにより、従来型の授業（教師の話を聞く、数人だけが正解を発表する）が解決できるのは間違いない。たくさんの活動を続けていけば、主体的・対話的で深い学びも自然に始まるはずだ。

7 協働的な学び

中央教育審議会答申「令和の『日本型教育』の構築を目指して」の中で「個別最適な学び」とともに「協働的な学び」が強調されている。特に新しいことではなく、対話的で深い学びと同義と捉えられる。私たちが大事にしてきた、自分の考えを付箋に書き、友達の付箋を見て新たな事実に気付く、グループで考察したり、全体で確認したりするなどして考えを新たに修正していくなどといった思考を途切れさせない工夫を大事にすればよい。課題解決に向かうために、学習課題を３回読んだりすることも工夫の一つである。こうした基本的なことを大事にしよう。それが協働的な学びにつながるのである。

8 最終的には教科の見方・考え方へ

「学習スタンダード」で身に付けた教科の学び方や、アクティブな学習活動が定着すると、最終的には教科の「見方・考え方」の育成に向かう。各教科には、つけるべき授業の姿がある。それが各教科等固有の「見方・考え方」である。最終的にはそこに到達するように授業を組み立てていく。

〈「授業備品」No.188「とにかく授業を変えよう」〉

102　自立と自信

前項で授業の課題について述べた。では、あらためて授業での教師の役割について考えてみよう。新たな学びを追求する世界の国（オランダ、シンガポール、アメリカ等）も、授業の在り方を変えてきている。背景には、デジタル社会があるが、教師（大人）の指示に従うだけの授業では、学力も生きる力も付きにくいという考え方に気付いたからだ。それを考えると教師の授業での立つ位置も変わると思う。

1　「自立」を促す授業

教師が授業を通して子どもに「自立」を促す方法として、第一に、「学習スタンダード」がある。私たちは、それを**「先生に頼らず、自分たちで学ぶ学習」**として位置づけ、定着を図ってきた。「学習スタンダード」によって、子どもたちは授業の流れが分かり、各教科における学び方を習得できる。そのことによって、教師が指示しなくても次の行動ができる。子どもが教師から「自立」する授業となる。教師ではなく子どもが授業をけん引していけるようになれば、授業で子どもの目が輝いてくる。

第二は、「学びの交流」の方法だ。これは、かつて東京の小学校長を務めていた時、学年を越えて学ぶ方法を開発した。**異学年交流の学び**だ。例えば、家庭科でミシンの使い方を６年生が５年生に教える、書写では４年生が３年生に習字道具の使い方を教える、体育では６年生と１年生の合同授業。およそ45通りの学びの交流を行った。もちろん、すべて子どもたち同士で進める授業だ。この実践だけでも学校は大きく変わった。この学びの交流の準備は、ほとんどいらないので、子どもにも教師にも負担感がない。

近年注目されている「自由進度学習」は、子どもの学びをより解放した試みと言える。先生の話を聞くだけの従来型の授業とは違い、それぞれの学習計画に基づき、自分自身のペースで学びを進める授業だ。子どもたちは、「先生の指示を待たなくてもいいのでうれしい」とその良さを話し、保護者もプラス評価をしていると聞く。

「学習スタンダード」「学びの交流」「自由進度学習」等は、何よりも子どもが学びにおいて教師から自立していることが特長だ。そこで、授業は教師が行うといった考え方から、学習を子どもたち自身で行うことに変える。そうすれば、様々な面においてよい結果はついてくる。

2　「自信」を持たせる

これまで、子どもが主体的に楽しそうに学ぶ姿を見た教師たちは、教師主体の授業観から大きく変わったと話す。さらに、「子どもたちにもっと学びを委ねよう」と考えるようになっていくようだ。それは、子どもの学ぶ姿に教師を頼ってくることが減ったと気付くからだ。

板書も自分たちで行う。全員がホワイトボードやタブレットで自分たちのペースで学ぶ。分からないところは、ペア・班・ワールドカフェ等で相談して学ぶ。座る学習という常識をなくす。こうした学び方により、子どもたち全員が学びに「自信」が持てるようになる。話し方も小声ではない。説明をノートに順序よく書き話す。こうした方法を繰り返すことにより、子どもが授業において「自信」を持つようになる。

3　教師自身が変わる

子どもが自立する授業のためには、教師による「見事な授業」は必要ない。思い切って「教えない授業」に挑戦してほしい、新しいことに挑戦する教師集団になってほしいと思う。授業で自立し、学ぶことに自信を持つ子どもを育てるには、教師自身が変わるしかないからだ。なかなか変わらない変えようとしない授業は、教師自身が自分自身の進化を止めていることに気付いてほしい。

〈「授業備品」No.193「自立と自信」〉

103　任せる、認める、考えさせる

1　ボトムアップの効果

ある県の高等学校の部活動の実践。顧問の先生は、子どもたちに主体性をもたせるため、あえて命令はせずに自主的に部室の清掃をするのをから始めたようだ。我慢強く待ったという。まずは指導者が任せる、認める、考えさせることが重要と考え、トップダウンでなくボトムアップを目指した。

ボトムアップ方式は、米国の企業の９割近くが採用していることから見習ったようだ。企業がビジネスの世界で生き残るためには、トップのパワーに頼るより、底辺（ボトム）から多様な意見を吸い上げ新しい活力を引き出していく方がはるかに効率的だとされている。その考えを生かし、この高校では、部活動の全体練習も週に２回。オフ日の過ごし方も自主性に委ねた。子どもたちからは「週に２回の練習じゃ少ない」「選手がメンバーを決めるのでは勝てない」という声が子どもから上がったが、指導者は、ボトムアップ方式を貫いた。

大会の開催中は、選手たちが宿舎でミーティングを重ねプランを立てて戦い抜いた。それがターニングポイントになった。そして、子どもたちは自主的に部室の清掃を行うようにもなったという。

授業も同じではないか。教師が目立つトップダウン方式の授業では一部の子どもしか活躍できない。教師ではなく、子どもが主体的に授業を創るボトムアップ方式の授業へ転換したいものだ。

2　これからの学校

不透明な時代に向けて、2020年度から学習指導要領にいわゆる「アクティブ・ラーニング」が導入された。国は新たな学び方に大きく舵を切った。しかし、私たちは、子どもが「主体的・対話的で深い学び」に向かうためには、その土台として「学習スタンダード」が必要であることを感じている。それはとりもなおさず、子どもたちが学び方を身に付けることだ。それによって、**子どもファーストで、「任せる、認める、考えさせる」授業が実現される。**

私は、米国の東海岸の学校に派遣された経験がある。考えさせる授業に取り組んできた学校だという。そこで忘れられないことがある。私が日本から来たことを言うと子どもたちが一斉に質問をしてきた。この質問力に驚いた。日本の学校で、積極的に「質問をする」子どもたちがどのくらいいるだろうか。一方通行の教え込みの授業では、子どもたちに多くの感動は伝わらないし、気付きも疑問も生まれないから質問もしてこないであろう。

海外の優れた実践に学び、どんどん質問をする子どもを育てよう。そのためには、「振り返り」に「質問をしたいこと」を加え書くように指導してみよう。今日の授業で、①学んだこと、②もっと考えたいこと、③知りたいことに加え、④**「質問したいこと」を加えよう。**そうすれば、質問すること（自分の考えを広げる）ことをためらわなくなると思う。

例えば、「今日の授業で、最も印象に残ったシーンを３つ書こう」といったことも有効だ。なぜそのシーンが印象に残ったかを話し合えれば、考えも深まるし、新たな気付きや疑問も生まれるであろう。これは、大人も同じだ。研究協議会で「印象に残ったシーン」を話し合うと意見交換も活発になる。

子どもの気付きや疑問を起点にしてボトムアップ型の授業を目指そう。

〈「授業備品」No.196「任せる、認める、考えさせる」〉

第２章

これからの学習指導

201　従来からの教科指導の見直し

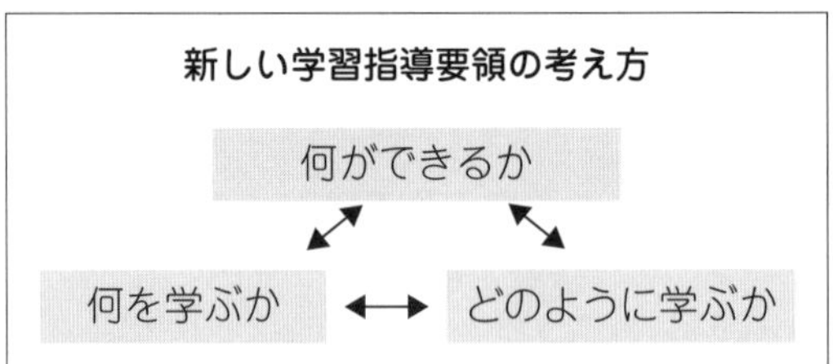

学校制度が出来た1872年（明治時代・学制発布）以来、授業は「先生が教え、それを子どもが聴く」ことであった。時代が変わり、世の中がいかに様変わりを見せようとも、このような授業は今でも変わっていない。

一方、世界では、教師が講義をし、子どもがノートをとったり、教師の発問に答えるといった授業は、子どもにとって受動的な授業であると考え始めた。すでに、各国では子どもの「創造力」を育むために「生徒参加型の学び」のスタイルに変えてきている。日本でも、「何を学ぶか」という従来の教科教育だけでなく、「どのように学ぶか」と“学び方を学ぶ”授業（アクティブ・ラーニング）への転換を学校現場に促した。Pisaの国際調査（子ども参加型の教育）で調査38国中35位という結果が出たことに関係者が危機感を持ったこともその理由の一つだろう。しかし、現状では「何を学ぶのか」の教科指導に比重を置く指導がまだ多い。なぜなのか。

1　教科指導法にこだわり

私たちは、大学の教職課程で「教科教育」を学んできた。学校現場に入っては、先輩の教科指導をまね、過去の実践事例を学んできた。しかし、課題は、教科指導に長けた人が教科内容や指導技法を現場に伝えるといった古い手法から抜けられないことだ。教科に精通し、魅力的な授業を行うといった教師が主役の授業にこだわる。板書も教師の独壇場となり、子どもは写すことに追い立てられる。行き着くところは、主役となった教師と、内容が理解できる高い基礎学力と学習意欲を備えた子どもたちだけの学びの場となる。一方で、分からない子どもを置かれていってしまう。「教科書を“教える”」「教師が主役になって“教える”」、この“教える”が続く限り、子どもたちが意欲的に学ぶことはない。教科指導にだけこだわる教師の授業に未来はない。

2　主役は教師か

教材研究を行い、授業に臨むことは教師として当然のことである。しかし、マイナスの面がある。教材研究をしてきたことや教師が知っていることを子どもたちに教えたがることだ。そこには子どもの存在などない。授業の主役が教師になって自己満足しているだけだ。

研究授業では、なおのこと教師が目立つ。**うまく授業を進めようとして、子どもの考えを待ちきれずに誘導したり、答えを与えてしまったりする。**分かる子とのやりとりで授業を進めてしまう。ホワイトボードや付箋紙等を使って全員参加のように見える授業も、結局は分かる子の舞台となる。見た目には授業が動いているように見えるが、全員の子どもたちが意欲的に学んでいるかと問われるとそうではない。**授業の参観者もそのことに気付いているが、「一部の子の学びだ」とは言わない。**困ったことだ。

3　変えない自分、学校

子どもや保護者に「教師とは何か」と問うと、決まって「教える人」と言う。子どもや保護者に、かつての学校観が沁みついている。「先生の言うことを聞きなさい」「教わったことを自分のものにしなさい」という考え方。教師もそれに慣れ、「教えたことを暗記させて、試験に臨ませる」ことが続いてきた。だから教師が指導方法を変えたがらないのかもしれない。真面目に学んできた教師ほどそうだ。だから学校は変わらない。

不透明な時代を迎えようとする今、子どもたちの未来に責任を果たせるためには、**「従来型の教師主導の授業は、授業ではない」と意識を転換する必要がある。**今こそ、教師より子どもが活躍する授業を創る時である。

〈授業備品」No.144「従来からの教科指導の見直し」〉

202　自分見直し

多くの教師は、校長が示す学校経営方針を理解し、教師一丸となり授業改善を進めている。だが、まだ従来と同じ知識注入型の授業を続けている教師もいる。授業に「困り感」がない教師たちだ。アクティブな授業へ変えないと、将来を生きる子どもたちが困ることに気付いていない。こうしたことが起こる原因を整理した。

1　授業が変わりきれない背景

学校には長い間に培われてきた伝統のようなものがある。今までこうやってきたからという発想ですべての教育活動が進む。授業も同じだ。何の疑問をもたずに同じことを繰り返している。そこには、子どもの意見を取り入れる余地が少なかった。**特に授業は「個業」という意識が教師には根強くあるように思う。学校の中に小さな学校がいくつもあり、いまだにそうしたことが解消しきれていないのかもしれない。**

2　まだ「教えてやる」？

授業というのは子どもにとっては「学習」のことだ。子どもが自ら学び、学び方を身に付けるような活動が最も大事なことだ。多くの教師はこのことに気付いている。だが、まだ「教えてやる」という意識を持つ教師もいる。その典型的な形が教師主導型だ。そのため、子どもは受け身的な学習を強いられる。教師がたくさん話すほど生徒の学ぶ意欲がそがれ、**単語しか話さないようになる。**断片的な知識を一方的に注入する授業であるからだ。解決策は、教師の「教えてやる」という意識を抑え、生徒に学習を任せる意識を持つことが何よりも重要だ。**教師が「なるべく話さない」という姿勢に向かう**ことで子どもは主体的に学ぶようになる。それが可能となった時、教師が一人ひとりの子どもの個性（よさ）を引き出せ、伸ばせるようになれる。

3　教科書を教えるだけでいいのか？

授業は、1単位時間ごとに目標があり、その目標の達成に向けて進められる。その授業目標は単に知識・理解だけであってはならない。学習指導要領は、「主体的・対話的で深い学び」の学び方を学ぶ目標が大きく掲げられた。だから授業は、多様な目標のもとに進められなければならない。単に教科書に書かれていることを理解させればよいということではない。教科書は一つの教材に過ぎないからだ。多角的に授業の準備を進めるためにも、「授業のキーワード」「ホワイトボード」等の授業ツールも用意すべきである。

4　一人のスーパーティーチャーより全教師が活躍する学校

かつてのように名人芸のような授業をする人が注目される時代は終わった。特に、「自分は自分のやり方で授業をする」という個人プレーは、主体的で協働的な授業を求める今の時代にはそぐわなくなってきている。中央教育審議会答申（平成27年12月）や、学習指導要領総則に記された「チーム学校」の考えはもとより、授業にもユニバーサルデザインが求められていることを意識する必要がある。どの子にも学び方を身に付けさせられるためには、教師が協働して、教科横断型の授業づくりに取り組むことが大切だ。

5　全員活躍の授業

かつて著者が在籍した東京の小学校では「子ども参加型授業」を目指していた。だが、当初はなかなか教師主導の授業から抜け切れなかった。形として子どもが参加している授業だけで満足していたからだ。だが、授業が分かりにくい子どもにとっては、受け身の授業であったと思う。学習指導要領が目指す「主体的・対話的で深い学び」は、**「子どもが授業を創る」**能動的な学習であるので、**「全員活躍」**を大切にすることが肝要だ。

〈「授業備品」No.68「自分見直し」〉

203　教師主体授業を限りなく０に

学習指導要領の中核は、全ての子どもの活躍型（参加）の学びである。だが、教師による、「挙手→指名→発表型」の授業スタイルから抜け切れていない。**数人の子が「凄い考え」を出し、それを称賛する授業がある。**それはアクティブ・ラーニングの「全員参加」「全員活躍」の授業とは大きくかけ離れる。授業の活躍が上位AB層の子どもに偏っており、下位CD層の子が活躍できていない。次のような授業が典型的な例だ。

1　教師主体の授業

①教師の声だけが教室や廊下に響く授業

教師が教えることが授業（暗記学習型）に特化し、よく喋る授業。子どもには受け身の授業となる。

②子どものアクティブな動きがない授業

教師が話す過ぎる授業は、子どもの動きがない。1単位時間ずっと座っている子どもには、苦痛の授業となる。

③板書を教師だけで行う授業

黒板の板書は、教師だけが行うものとしている。教師の気分により、毎日の板書が違う。

④授業のストーリーが子どもに分からない授業

教師のその日の気分で板書をする授業は、子どもたちにとっては授業のストーリーが見えない。子どもたちには、どこでホワイトボードを使うのか、どこで考察（深い学び）をするのかがまったく見えない。

⑤教師が教える意識が強く、UD（ユニバーサルデザイン）化を図れていない授業

教科学習の土台は、全教科横断的な学び方だ。専門教科指導だけの指導だけでは、学びのUD化が図れない。

⑥教師が書いた板書（重要語句）を写す授業

従来の暗記学習型の授業は、教師が書いた板書を子どもが写すだけの授業だ。子ども自身の考え方が見えない。

⑦教師対子どもとの一問一答式（挙手・指名・発表等）の型の授業（CD層の子は発表していない）

教師中心の授業の特徴は、子どもとの一問一答式の型の授業（挙手・指名・発表等）が多い。これまでこうした考え方の授業が当たり前の常識となっていた。この影響は、CD層の子どもに出やすい。

2　一部の子だけの活躍型授業

①班学習や学び合いではA層の子がホワイトボード・模造紙等にまとめ、他の子どもはそれを観ている

グループの考えをホワイトボードに書くときにA層の子どもたちが書いていることが多い。そのあと、班の考えを発表しても一部の子どもの発表会となっている。CD層の子どもには、見ているだけの授業となっている。

②教師やA層の子が発表した内容をCD層の子が書き写している

A層の子が発表した内容を教師が板書し、それを他の子どもが写す授業を多く見てきた。**学校は子ども同士が分からないことを聞き合い教え合う場だ。**板書を写すだけの授業は、子どもたちにとって主体的な授業ではない。

3　学習指導案の工夫を

①学習指導案作成に多くの時間を費やし、実際の授業がうまくいかない

学習指導案は、何のために書くのだろう。子どもたちに分かりやすい授業を行うための授業準備を行うために学習指導案は書くものだ。この指導案書きに多くの時間を費やし、最後まで行き着かない授業を多く見てきた。

②画一的な指導案

学習指導案書きに多くの時間をかけてはいけない。学習指導案は、「こうあらねばならぬ」といった形式はない。できるだけ簡易な学習指導案を書くとよい。

〈「授業備品」No.96「教師主体授業を限りなく０に」〉

204　自己流の授業から抜け出そう

新学期を迎えた転入教員・新人教員のみなさんに、今だからこそお伝えしたいことがある。

1　誰が担任でも困り感がない子どもたち

「学びのスタイル（学習スタンダード）」を持つ学校の校長先生から年度初めの始業式のエピソードを聞いた。まず、担任発表で子どもたちは一喜一憂しなかったそうだ。それは、誰が担任になっても、学校としての学びのスタイルが同じなので子どもたちは困り感がないからだと分析をされていた。保護者からの注文もまったくなかったそうだ。学校で共通した授業の進め方に共感されているからだろうという。

2　子どもが「学びのスタイル」を転入教員・新人教員へ伝授

驚いたことに、子どもたちが、転入教員・新人教員に当校の「学びのスタイル」を伝授したそうだ。新2年生が新人担任らに説明したことには、教員全体が驚き手をたたいて喜んだという。子どもは入学と同時に「学びのスタイル」を習得してきているので、学び方を早くから身に付けている。転入教員・新人教員が驚くのも分かる。「学習課題はどうやって作るの？」と質問すると、子どもたちは「こうやって作る」と教えたそうだ。「学びのスタイル」を持っている学校の強みである。

3　「自分流の授業」の限界

これまで授業は、その教科を担う教員に任されることが多かった。いわゆる自己流の授業だ。なぜ、こうしたことが長年行われてきたかを考えてみた。特に中・高等学校では、同じ教科でも指導者が替われば指導方法も違う。まして教科が違えば、なおさら他教科のことにはお互いに口を出さないことが教員間に少なからずある。学習指導案を作成するにしても、その教員の考えが重視され、他の教科や教員の助言がうまく機能することは少ない。だから自分流の授業となっている。

私は、校長時代に**「自分だけの授業名人にはなるな」**と教員に言い続けた。授業分析や教材開発は十分であっても、その教員だけが見栄えのある授業をし、その教師に付いていける子どもだけが授業に参加することができる。全ての子どもが満足する授業にならなければ授業を行う意味はない。

また、教員の「個性」も考えさせられた。教員の「個性」で授業を進める。名物教師、授業の達人……。こうした授業を見た、**受けてきた授業を経験値としているので授業等はこういうものだと思い込んでいる教員がいる。**他の模範となるような授業に触れる機会が少なかったのも原因の一つだろう。

大事なことは、教員個々の授業力ではなく、子ども全員・教員全員で「学びのスタイル」を構築して創り上げる授業づくりである。ここを自覚して改善すれば、授業レベルは上がる。そうすれば必ず学力も向上する。

4　教科横断的な授業

中央教育審議会答申教育課程企画特別部会の論点整理（平成27年12月）に「これからの時代に求められる資質・能力を育むためには、**各教科等の学習とともに、教科横断的な視点で学習を成り立たせていくことが課題**となる。そのため、各教科等における学習の充実はもとより、教科等間のつながりを捉えた学習を進める観点から、教科等間の内容事項について、相互の関連付けや横断を図る手立てや体制を整える必要がある」と記し、「アクティブ・ラーニング」を示した。教科・指導者が違っても、同じ指導方法や授業展開を求めている。**「あの先生の授業は素晴らしい」だけではだめである。学校全体で教科横断的に授業を進めることに邁進してほしい。**

〈「授業備品」No.112「自己流の授業から抜け出そう」～転入教員・新人教員の皆さんへ～〉

205　「子どもが主体的」と真に言える授業とは

「主体的・対話的で深い学び（アクティブ・ラーニング）」の授業を目指すことが私たちに課せられた目標だ。そこで、教師ではなく子どもが「主体的な学び」ができているかどうかの自己評価をするとよい。子ども主体の「学びたい」授業への転換を学校や教科全体で行いたい。

1　授業の課題とメタ認知（子ども主体とはほど遠い授業）

子どもの授業中の様子

- □　教師に向かい話している
- □　子どもが板書を写している
- □　教師の指示を待っている
- □　挙手をする子が決まっている
- □　子どもが個々に教師に向かい話す
- □　ノートへ積極的に書こうとしない
- □　グループ学習ではいつも見ている子がいる

教師の姿勢

- □　いつもしゃべっている
- □　子どもの発言を解説する
- □　子どもと一問一答が多い（黒板の前から離れない）
- □　板書を書くことに徹している
- □　発言した子の後に「他にない。」と言う
- □　挙手をする子（同じ子）に指名をする
- □　グループの代表の子に順番に発表をさせる

さて、上記に当てはまる項目があれば、子どもは受け身の授業となっている。やがて意欲的に授業に参加しなくなる。これらの多くの原因は教師の話し過ぎにある。教師が発問を重ねたり、説明に時間を割いたりしている間は子どもは考えない。そこで「間」が重要だ。「間」が子どもに緊張感と考えることの必要感を高める。

2　「教師主導から子ども主体」への授業改善チェック（学習指導要領記載事項）

上記の項目を自己評価した上で、「教師主導から児童主体へ」の授業に変えるために学習指導要領に記載された項目を基に自分の授業チェックを勧める。特に学習形態の工夫に注目し対応策をもつことが重要である。

教師主導から児童主体へ授業改善７項目（学習指導要領の記載事項）

- □　学習課題の設定　（第１章第３の１（6）自ら学習課題や学習活動を選択する機会を設ける）
- □　学習に見通しをもたせる　（第１章第３の１の（4）見通しを立てたり、振り返ったりする）
- □　**学習形態の工夫　（第１章第４の１の(4)グループ別学習、繰り返し学習）「一人」「ペア」「班」「全体」）**
- □　言語活動、思考操作の時間を大切にする　（第１章第３の１の（2）言語環境の整備と言語活動の充実）
- □　「考察」をする　（中学校社会第２の１の（3）多面的・多角的な考察や深い理解）
- □　一人一人の子どもに役割を与える（新学習指導要領前文　協働的な学び）
- □　学習を振り返り自己評価をさせる（第１章第３の２の（1）児童による学習活動の相互評価や自己評価）

3　子どもが主体となって進める授業づくり

子ども主体の授業を追究すれば、子どもによる司会進行の授業スタイルに行き着く。学習の流れが子どもたちに身に付けば、**教師を頼らず自力で授業を進めることができる。**子どもの司会の授業を体験した教師は、旧来の授業にはもう戻れない。それは、子どもが自身が授業を進めることで教師にゆとりが生まれ、話し合いの高まりを見守り、助言できるなどのメリットがあり、何よりも子どもの成長を感じることができるからだ。

4　グループ学習の日常化

授業展開は、一人学び→ペア・グループ交流→中ゼミナール→全体で考察という流れが自然である。グループ学習は主に４人編成とし、これを全教科で行うことが重要だ。グループ学習は、小ホワイトボード、中ホワイトボード、大ホワイトボード（10人位で考察時に使用）、付箋紙、短冊、名前プレートなどを使い、それぞれの考えを伝え合う。そうすることにより、各自やグループの考えを比較・分類し、一つの意見に集約する活動が増えていく。このことで子どもたちの思考力も高まっていくのである。

〈「授業備品」No.122「子どもが主体的な授業と真にいえる授業（本年の中間点でのセルフチェック）」〉

206　子どもの二つの反応の違い

アクティブ・ラーニングは、子ども全員が活躍できるように主体的に授業に参加し、対話をしながら、深く考えていく問題解決型の授業方法である。高知、熊本、東京を回る中で転任者や新人教師に課題が見えた。「一斉講義型授業（教師がしゃべりまくる授業）」が多く、「問題解決型授業」に大至急転換をしていただきたいと願う。以下に改善策を示す。

A学校　問題解決型授業
常に子どもが自分たちで学習課題を見つけ、自分たちで解決できる達成感を味わうことでき、日々の問題を解決できる。

子どもの二つの反応の違い

B学校　一斉講義型授業
教師が講義をする授業が当たり前と考える子どもは、教師の説明を待つ受け身をとり、主体的に学ぼうとしない。

子どもの授業での反応は、日頃の授業の在り方で違う！

みんなで付箋を出そう

先生が話す

手っ取り早く教師が知っていることを教える、教科書の中身を教える、これでは子どもは学びに向かわない。
全教科で日頃から問題解決型の授業を行い、子どもが主体的な授業を行い、学びに向かう力を育成する。

アクティブ・ラーニング
一斉講義型の学習ではなく、一人ひとりの子どもが**主体的**に授業を創り、仲間と付箋紙やホワイトボード等を使い、**対話**をしながら学習内容の理解を**深める**学習のことだ。

一斉講義型授業特有の「知識」は、他の手段で容易に手に入るようになった。多弁な教師の授業は、「授業が分からない子」にとって、苦痛な時間となっている。教師が知っている専門的知識を話そう話そうとすることが原因だ。教師が主役の授業は、子どもたちの主体性を奪う授業となっていることに気付いているだろうか。

〈「授業備品」No.115「子どもの二つの反応の違い」〉

207　授業の禁じ手20

本気で授業を変える時がきている。今次の学習指導要領では「主体的・対話的で深い学び」が求められ、それは子どもが主役となって協働的に学ぶ授業を目指すことである。オランダのイエナプランやシンガポールの先進的な学習にも、知識注入スタイルは見られない。子どもが自ら学び出す授業に、私たちは本気で取り組まなければならない。しかし、まだまだ「教えたい」「知識を身に付けさせたい」と、多弁で教え込みの授業は多いように思う。主体的な場面や対話的な場面すら教師が指示している授業は多いのである。

以下に、私たちが目指す授業に対しての「禁じ手」を示す。中には、優れた授業力と評価されてきたものもあるだろう。しかし、この禁じ手リストから、これからの授業の方向性をみとってほしいと思う。

1　学習意欲を高められているか

(1) 教師が自ら課題を設定している

学習課題は、基本的に教師が設定するものである。だが、学習指導要領の大きな理念である「自ら学ぶ」に照らし合わせれば教師が一方的に押し付けるものではない。そこで、子どもが課題設定づくりに参加するようにしたい。生徒指導３機能の一つである「自己決定（子ども自身が自ら課題を見つけ、見通しを持ち、個人で思考したり表現したりできるようになる）」を促すためにも子どもたちを課題設定作りに参加させたい。

①導入部分の資料で気付いたことを発表させる
②授業者は、子どもの発言をつなぎ課題設定をする
③既習学習や予想とのずれを意図的に作り、課題設定につなぐ

(2) 本時の課題が教科・領域の目標だけの表記となっている

教師主導の授業は、子どもが教科内容をひたすら受け身でこなすことになる。これでは「主体的・対話的で深い学び」に向かえない。授業の中で協働的に学ぶためにも子どもが仲間で活動する方法も目標にするとよい。学習指導要領の総則に記載されてある「問題解決的な学習」の学び方がその一つである。

①教科目標の記載に加えて、「交流・考察」の部分も目標に入れる
②２段書き（教科目標・問題解決学習）とする
③課題は、行動目標（～である、～と言える）とする

(3) 課題提示に時間がかかる

前時の復習や既習事項の話し合いに時間をかけることで課題提示までに多くの時間を費やす時がある。そのため本時の学習が途中で終えざるを得ない場合がある。教師の授業マネジメントができないことが原因だ。**特に多弁な教師ほど説明が長く、課題提示までに時間がかかる。**

①課題提示の仕方を工夫する
②導入はスピードで行う
③１単位時間の中で本時の課題を解決するという意識を教師も子どもも持つ

(4) 教師が解き方の方向性を示してしまう

授業を迅速に進めるため、教師が解き方の方向性を示す時がある。この方法では、考える力が付かないばかりか一部の子どもしか学習についてこられない。子どもが授業の見通しを持てなければ学習意欲を持てなくなる。

①解き方は子どもに考えさせる
②解き方やスモールステップ型の説明は慎む
③**「教える」から、「見守る」指導に変える**

(5) 大まかな見通し（解答）を全員が持てない

学習課題に対して自力解決に入っても、答えに向かう大まかな見通しを立てられない子どももいる。そうした子どもには、個別指導をすることが多いが、それでは協働的な学びへと向かえない。そのため、学習課題を解けない子にとっては最初から苦痛な時間となったり、授業を放棄してしまうこともある。そこで**自力での課題解決が困難な子には、答えを示してから解き方の方法を見つけさせるなど指導を工夫するとよい。**

①問いの共有（見通しを持つ）の時間で、全員が大まかな見通し（解答）をもっているかを確認する

②分からない子は、「分からない」と言い、分かる子から学ばせる

③見通し（解答）を持てない子は、答えから解き方の方法を見つけさせる

2　話し合いが深まる学び合いになっているか

(6) 自力解決の時間が短い

自力解決（個人思考）は、一人でじっくり考える時間である。これまでの既習事項や経験を生かし自分なりに問いを解決する時間である。10 ～ 15 分は時間をとりたい。子どもが主体的な授業となるよう、じっくり考えさせたい。

①考える時間を確保する

②解けた子には、違う解き方も考えさせる

③絵・図・言葉等で自力解決をさせる

④根拠を基にして考えさせる

(7) ペア・グループ学習等がない

子どもは教師の一方的な話を聞くと、「単語」でしか話さない。また、いすに座り続けると学習の意欲をなくす。そこで、子どもが仲間との教え合い学び合うペア・グループ学習等を積極的に取り入れたい。

① **45 ～ 50 分、座りっぱなしにさせないようにする**

②ペア学習は「褒めてアドバイス」とする

③班学習は「司会者方式・ノート交換・ワークショップ・ノート展覧会」等の方法を取り入れる

(8) ペア・班学習で話す・書く等のルールがない

安易にペア・班学習をさせることは避けたい。ペア・班学習の進め方を事前に指導をしておく必要がある。

①情報収集の時間とし、「メモ」をとるルール

②相手の意見を聞き、分からないことや曖昧なことには質問をするルール

③**「つまり○○ですね」と自分で解釈したことを伝えるルール**

④自分の考えが変わったことがあったらノートに書くルール

(9) 一問一答で進める

一問一答の授業は、「分かりましたか」「いいです」の授業だ。教師が教える意味合いの強い授業だ。それを避け子どもが主体的な学びを行うためには、子ども同士が考えをつなぎ、広げる、深める意識をもつことが重要である。言語スキルの技能を習得させる方法がある。

①対話言語のスキルを身につけさせる

②教師は多弁にならない

③子どもの意見や考えを一回一回拾うことをしない

(10) 肝心な場面がスモールステップとなっている

解き方を教師がスモールステップで説明していく学習である。この方法は、解き方が分かればよいといった考え方があるので「考える力」は付かない。その場限りの知識であるので、そのときは分かっても後で分からなくなる。教師が説明をする形式ではなく、子ども同士が議論をし合う中で課題を解決をしていく方法が望ましい。

①子どもたちの話し合いを見守る

②話し合いが済んだ後、教師の修正を入れる

③教師は、多弁にならないように心掛ける

(11) 教師が司会者（つなぎ役）になっている

これまでの授業は、教師が授業を進めるために有効と思われる子どもの発言をつなぐことが多かった。教師が司会者として思い通りに進めていく授業だ。しかし、これでは子どもの主体的な授業や協働的な授業は望めない。そこで子どもたち自身が意見や考えをつなぐようにすることが重要である。

①相互司会の方法で子どもたち自身が話し合いをする

②教師は板書に徹する

③明らかに話し合いが違う方向に向くときは、教師が修正をする

(12) 教師が用意した「正解」を当てる

教師主導の授業は、「正解」を当てるような内容が多い。そのため学び合いを深めることが難しい。そこで学習指導要領にある「問題解決的な学習」を行うとよい。

①子ども同士で意見や考えをつなぐ

②誤答や意見を巧みに取り上げる

③子どもの考えを教科書や資料につなげ教科目標に迫る

(13) 発表の羅列で終わる

授業の山場(考察)でグループ同士が交流をする場面がある。その場が発表の羅列で終わることが多い。「私の班は○○と考えます」「私の方法は、○○です」と時間をかけて発表する形だ。こうした発表は学び合いではない。発表しただけで議論が深まらないからだ。そこで、集団解決（話し合い）の目的を再度考えるとよい。班から出された考えを一つにまとめる、考え方の相違点・共通点を明らかにする、協働して課題を解決する、新たな考えを創る、皆で考えを練り上げる方法等がある。授業に見られる「多くの子どもが発表するだけ」を避けるために次の点に留意したい。

①全グループの考えを羅列的に発表しない。行っても短時間で済ませる

②２～３のグループの考えを取り上げ、自分たちのグループとの違いを考えさせる

③教師は、黒板に子どもの考えを整理する

(14) 考察がない

様々な考えを出し合うだけでは意見は深まらない。これまでの知識を教え、分かったことを書くという授業の構図と何ら変わらない。自分の考えを発表し、仲間から質問を受ける「出し合い」、お互いの考えを比べて違いや共通点を出し合う「比べ合い」、一つの意見や考えに「まとめる」方法等が考えられる。留意したいのは、意見の「出し合い」だけで終えないことだ。子どもたちが集団で話し合いの「比べ合い」活動こそが学びを豊かにする。

①学習課題を２段構成（前段は教科目標、後段は「考察」）とする

②「比較・焦点化・類推・分類・補足・理由・根拠・変容」等の項目で子どもが考察を行う

③「考察」グッズを用意し、子どもも教師も行うことを意識する

④考察は教師が司会をするのではなく、子どもに任せる

(15) 形だけの対話「わかりましたか」「いいです」で終わらせる

「わかりましたか」「いいです」で終わらせる授業が多い。分かっていなくても「いいです」の形式的な受け答えが多いからだ。分からなければ分からない、質問したいことがあれば聞くということを子どもたちに身に付けさせたい。

①「わかりましたか」「いいです」の対話はしない

②「他にもあります」「付け加えて言います」等の言語スキルで対話をさせる

③反応の仕方を覚えさせる

(16) 教師が多弁である

授業は子どもたち自身が創っていくものである。この視点に立てば教師一人だけが多弁になることはできない。多弁になれば子どもは受け身になり話さなくなる。話しても単語しか話さない。

①教師は、1単位時間内で2～3割以内しか話さないことを目指す

②指示や説明の言葉を徹底的に減らす

③教師の教える指導から、子どもにも授業進行を担わせる

3　学んだことが実感できる振り返りになっているか

(17) まとめを教師がしてしまう

教師が「今日のまとめは、○○です」「時間がなくなったので振り返りは家庭学習とします」と話すことがある。かつての「教師の話を聞き、板書を写す」授業がいまだに続いているからだ。これでは子どもに力が付かない。学習の主体が子どもであるならば子ども自身が自らの言葉でまとめるとよい。

①「何が分かったか」「もっと知りたいこと」「友達から学んだこと」の3視点でまとめる

②自分の考えの変容を書く

③子どもたちそれぞれが自分の言葉でまとめる（全体で同じ文言のまとめをしない）

(18) 振り返りの時間がない

「まとめ」は、本時の課題に対してまとめるものである。一方、「振り返り」は、他の教科や違う時間にも使える内容のことである。また、教科の特質を踏まえて習熟の時間でもある。書く活動の充実を通して無答率0を目指すとよい。

①振り返りを毎時間書くことを位置付ける

②授業のタイムマネジメントに心掛ける

③学習状況調査の問題にある「時数制限や条件に合わせて書く活動」も取り入れる

(19) タイムオーバーの授業である（タイムマネジメント例）

導入で教師の説明が多かったり、復習の時間が長いことが主な原因だ。また、学習のねらいがはっきりしていなかったり、話し合いの視点が分からなかったりすることも原因の一つである。集団解決時の発表を長々と順に発表する羅列型発表等もそうさせている。そこで導入時の復習や前時の振り返りを短くする、学習課題をはっきりさせ話し合う視点も明確にする等の工夫が考えられる。

①課題の提示（5分）簡単で誰もが分かる課題、必要性のある課題とする

②問いをもつ（2分）どんなことを明らかにするのかを個人でイメージする

③問いの共有（2分）おおよその解き方、「答え」を仲間で共有し、全員参加型学習を目指す

④自力解決（5～10分）主体的な学習となるようにするため、個人思考の時間を大事にする

⑤集団解決（15～20分）協働的な学習となるように、班学習・全体学習（考察）等を組み合わせる

⑥価値の共有（5～10分）教師がまとめず子ども自身がまとめる。課題の裏返しとする

⑦振り返り（3分）学んだことが他の時間に使えるものとする

(20)　本気で子どもに任せていない

アクティブ・ラーニングの学びは、協働的な学びである。子ども同士だけでなく、子どもと教師が授業を協働的に創り上げていく学びでもある。これまでは教師が一人で教えることが強いため子どもたちは受け身の授業であった。これからは、教師から教わるのではなく子どもたち自身が主体的に協働的に学ぶことが重要だ。教師との連絡係だけではなく、子ども自身に授業の進行を担わせる必要がある。

①教師が一人で授業をしない

②号令係だけではなく教科運営係を設け、授業進行を担う

③教師が中心となる授業を減らすために、教師がやっていたことをできるだけ教科運営係に任せる

〈「授業備品」No.6「授業の禁じ手 20」〉

208　夜明け前の授業

教科書の内容を「教える」ことは容易で準備に負担はかからない。各地で学習スタンダードが開発されているが、教師にとって最初に取り組む学習スタンダードは、「面倒」なことかもしれない。だが、学習スタンダードの歩みを進めると必ず子どもは授業の達人になる。まずは、次の11項目を振り返っていただきたい。

(1) 授業の流れの見える化ができているか？（授業が始まる前に１時間の流れが貼ってあるか？）

教師主導の授業は、授業開始前の黒板に何も書いてない。教師が自分のリズムで進めるので書かなくてよいからだ。また、教師自身が板書方法を学んでこなかったことも考えられる。

［解決策］子どもたちは板書に授業の流れが「見える化」（問題解決の流れが貼ってある）されていると、いつどこで何をするかが分かる。子どもたちが協働して学ぶ場面も分かる。

(2) 教師が授業を一人で仕切っていないか？

教師中心の授業では、子どもたちは教師から話を「聞く」ことが多く受け身の授業となる。社会に出たら子どもたちは自力で諸問題を解決していかなければならないことを意識しているのだろうか。

［解決策］子どもの中から教科リーダーを指名し、子どもたちが主体的に授業を進める形に変えてみるとよい。

(3) 一部の子（挙手した子）と教師との対話で授業を進めていないか？

私たちの授業スタイルは、教師が発問し、分かる子が挙手をして発表する一斉授業スタイルが常識であった。今でもその授業がある。研究授業ともなると、子どもの挙手があると教師は喜んで指名をする。その発言内容が良ければ、参観者も「すばらしい授業」と評価をする。しかし考えてみよう。挙手ができない子どもがいることを。分からない、発言ができない子もいるはずだ。そうした子への対応ができているだろうか。

［解決策］挙手をしないで自然体で発言をする。全員が短冊に自分の意見を書きグループ内で発表をする。こうしたことを積み重ねよう。自然と一部の子のための挙手・指名・発表が減るはずだ。

(4) 子どもがアクティブに動いているか？

教師中心の授業は、子どもが「聞く」ことが多い。内容が分かる子はよいが、分からない子にとっては身を置く場がない。やがては、別のことを考える。寝る子も出る。このことを「子どもに課題がある」と捉えるような学校文化もなかったとは言えない。

［解決策］「子どもがアクティブに動く授業」に変えること。自力解決ができなければ仲間に聞く、教える。教室内を自由に行き来し、友達のホワイトボード等に自分の考えを書きに行く。授業でこうした子どもの動きが考えられる。子どもがアクティブに動く場面を確立していただきたい。

(5) 子どもはノートに自分の考え（説明）をしっかり書いているか？

子どもがアクティブに動くこととノートは連動している。ノートは、今の自分の考えを書くことだけでなく未来（将来）の自分へのメッセ―を書いておくことになる。そのノートが充実するためには、これまでのノート指導を変える必要がある。

［解決策］板書を写して書く作業から、自分の考えをたくさん書く、説明書きのノートへ変えるとよい。「書きたくてたまらない子」を多くするには、学校全体で取り組むとよい。

(6) キーワード（教科用語）が飛び交う授業となっているか？

教師と子どもの対話で「単語」が飛び交う授業がある。教師は子どもが単語でも言ってくれれば、すぐに飛びつく。発表できない子どもは、その対話を聞いているだけとなる。だから授業内容が理解できない。

［解決策］最初から「キーワード（教科用語）」を示してあると、どの子もスムーズに授業に入れる。そのためには、「教師からキーワードを示す」「子ども同士でキーワードを作成する」「教科リーダーが作成する」「教師が子どもの作成したキーワードを補う」等でキーワードを作成するとよい。

(7) 目当てや課題とまとめの一貫性があるか？

学習課題やめあてがあっても、最後のまとめにつながっていない授業がある。話し合いや対話を重視するあまり、最後のまとめのところで課題の答えとつながらない授業がある。これは、「タイミング」と関係している。「課題やめあてを書いたときに、まとめは最後に書く」という常識があるからだ。

［解決策］課題やめあてを書いたら、すぐに板書「まとめの１行目（課題やめあての最初の１行目）」をしておけばよい。めあてや課題とまとめの一貫性ができるはずだ。このことは、子どもたちが授業の流れを理解しておくことが重要だ。

(8) 学びに一定の「型」があるか？

私たちが教師になったとき、「授業は教師が進めるものだ」という常識をもっていた。そのため、教科書の内容を教師が「教える」ことに走り、子どもに学び方を身に付けさせることは行ってこなかった。授業を子どもたちが進めることなど考えもしてこなかったし行ってこなかった。

［解決策］教師が授業の流れの一定の「型」をつかみ、子どもたちもその方法を知ることにより学びの一定の「型」ができる。学習スタンダードや授業ベーシックがその役割だ。だが、いつまでも「学習スタンダードや授業ベーシックの型」となっていては授業の進化はない。「学習スタンダード」は常に進化・発展させていく。

(9) 学習指導案の作成に時間をかけすぎていないか？

これまでの研究授業では、学習指導案の作成に時間を費やし、肝心の「授業の流し方やキーワードの作成」がおろそかになっていたことがあった。教師が研究授業の前の夜遅くまで指導案を考えている姿を幾度も見てきた。丹精込めて学習指導案を作成すれば、もう授業が成功するような気分になる。これでは授業技術は高まらない。

［解決策］学習指導案の形はたくさんある。「従来型」「板書写真型」「レ点型」、ピクトグラムを使用したものなどがある。大事なことは、学習指導案は７割の力で作成するとよい。完全な学習指導案にはしないことだ。授業は翌日も同じようにしなくてはならない。何回も研究授業を行い「ある程度の成功例」を積み重ねていくことが重要だ。

(10) 教師だけの研究協議会となっていないか？

研究授業を行えば、必ず教師だけの研究協議会（授業検証会）が行われる。教師間の自評、ワークショップ等が行われてきた。ある一定の成果はあった。しかし、このことを何度も積み重ねてきたが果たして授業力が向上しただろうか。教師間で結論付けたことが、子どもたちに伝わっただろうか。これまで子どもたちが次の授業をどうするかが抜けていたと思う。

［解決策］指導校では授業終了後、「子ども研究協議会」を行っている。子どもたちが自己反省した「成果」「課題」「改善策」「参観者の先生からの一言」などを項目にして行っている。子どもが主体的な授業を創るためには、子どもたち自身が授業評価をする。その際、単なる感想だけの授業評価で終わってはならない。128頁を参考に「子ども側から見た授業の評価基準」を作成するとよい。

(11) 授業が社会生活とつながっているか？

これまでの授業は、学校や教室だけで完結していた。そのため、授業や教科書の内容が分かればよいという風土が学校にあった。子どもたちの登校渋りもそのようなことが原因の一つかもしれない

［解決策］授業内容が分からなければ友達に聞く。友達に親切に教える。恥ずかしがらず分からないことは聞く。このことは社会生活と全く同じことだ。授業が社会と連動しているのだ。そのためにも学級力の向上も図りたい。授業が社会生活の一環であることに気付いていただきたい。

〈「授業備品」No.176「夜明け前の授業」〉

第３章

授業づくりの基本と応用

301　学校に来る理由は？（子どもへのメッセージ）

明治に学校が始まった頃には、先生が教え、子どもが聞き学ぶというスタイルの授業でした。ですが、ハヤブサが宇宙から還ってくる時代に、いまだに先生が話をし、子どもが聴くという授業スタイルが続いています。今の学習指導要領には、子どもが主体的に仲間と話し合いながら進めていく授業が記述されています。先生がしゃべる授業ではなく、みなさんが創る授業です。そこにみなさんが学校に来る理由があるのです。

1　隣に聞く、隣を利用しよう

目的地に行く道が分からない時、学校にわざわざ来て先生に聞きますか。知らない人であっても近くにいた人に聞くのが当たり前のことです。分からないことがあれば先生に聞くよりも、一番身近くにいる仲間に聞いた方が早いのです。**学校に来る理由の１は、分からないことがあったら、隣に聞く**ことです。学校にはたくさんの仲間がいます。「教えて」「分かった」という声が聞こえる授業が実は当り前の授業なのです。ぜひ、分からないことがあった仲間に聞いてください。分かる人は教えてあげてください。そのために学校はあるのです。

2　アウトプット（考えを発表する）

これまでの授業は、先生の話を聞くインプットが多かったようです。先生からのインプットは、実はリモート学習でもできるのです。**学校に来る理由の２**は、**アウトプット（自分の考えを話す）をする場**だからです。人が生きていく上で知識を持つことも重要ですが、相手に自分の考えを伝わるように話すことが大事です。アウトプットは、自分の考えを理由を添えて話すことです。アウトプットの機会が多くなると、自分の考えをまとめたり整理できるようになります。なお、アウトプットでは、聴く方の姿勢も大切です。話を聞いたうえで、「つまり～ということですね。」と、言葉を解釈して返すようにしましょう。

3　書く（振り返り）

アウトプットができるようになると、自分の考えをまとめられるようになります。また、人に自分の考えを説明するときに、書いたものがあると、言いやすくなります。何よりも書くことが苦手ではなくなります。**学校に来る理由の３**は、**書くことができるようになる**ためです。代表的な場が「振り返り」です。振り返りでは、心で感じたことを自分の言葉で素直に書けばよいのです。振り返りに書き慣れると、たくさん文章が書け、学習の内容が理解できるようになります。最近の国語の問題では、①「～から（理由）、～がよい（意見）」という形で一文で書く、②自分の考えとその理由を条件にしたがって書く等の問題が出ています。算数・数学でも、①二つを比べてその違いを言葉や数を使って説明する、②言葉や数を使って求め方を書く、③言葉や数を使って理由を書くような問題が出ています。「何を知っているか」より「説明できるか」が重要なのです。

4　アクティブな活動

仲間から教え教えられる関係のある特長は、授業中に立ったり座ったりするなどの子どもの動きがあります。これまでの先生が話すのをじっと座って話を聞くスタイルではありません。**学校に来る理由の４は、授業中、積極的に動いて仲間の考えを聞いたり話す**ことができることです。全員が立って前の時間の振り返りを言う「ぶつぶつタイム」。分からない仲間に教えに行く。ペアや班でホワイトボード等を使い、10人位の人数で行うゼミナール形式での討議。みんなの考えを見に行くワールドカフェ。全体での考察。こうしたアクティブな授業は、一人ひとりが授業に参加しているという実感を持てるので学習内容が分かるようになります。「授業を先生中心から、生徒中心に変えること（アクティブな活動）」の日本への提言は、PISA（OECD国際機関）からも出ています。

〈「授業備品」No.135「学校に来る理由は？」～子どもたちが読んでください～〉

302　すべての子どもが学びに向かう授業

1　従来型の教師

これまで教師は「正しい答え」をもつ権威者であり、子どもは、教師からの知識を学びとる受動的な存在であった。子どもは、効率的に知識や技能を注ぎ込まれる対象だったのである。こうした関係の中で子どもが学ぶ過程は、「授業者からの問い」「子どもの応答」「授業者の解説」という、ほぼ３つの活動だけである。このような考えをもつ教師にアクティブ・ラーニングの意義を説明すると、きまって次のようなコメントが返ってくる。

・アクティブ・ラーニングは、授業の進度を遅くする。
・授業中、子どもがたち歩くため、クラスの秩序を乱す。学習効率を悪くする。
・教えないのは、教師の怠慢である。
・受験を考えると、教師が教えるのが当然のことではないか。
・子どもが主体的な授業は、教師不要論を生み出しやすい。
・専門性を教え込むため、教師がたくさん話すのは当然のことである。
・学習リーダーが進めるのは疑問だ。授業は教師が進めるものだ。

こうした声を出す教師は、学習指導領総則を十分に読み込んでいないためか、マスコミが拍手をする予備校講師や、語り倒す教師の授業を称賛する面もあった。教師本人の自らの学校時代の経験値からきているのであろう。

2　授業は生きる上での一場面

子どもの学力は、教師の教えや、学校の学力向上策だけで培われるものではない。「学び方」や「気付き」は、教師の指導によって起こるものではない。子どもたちにとって授業は、生きる上での一場面にしか過ぎないからだ。だから、授業の中で、学び方を学ぶ、学習意欲を育てる、仲間との協働学習の中で問題解決を行うことが重要なのだ。

3「ティーチングからラーニングへ」のパラダイム転換

教師から一方的に知識や技能を注入される授業は、それが効率的であったり反復的な内容であったとしても、本当の教育効果は上がらない。**子ども自身が、自分の足りない面を知り、自ら解決していこうと自覚することによってはじめて解決目標が設定される。**そうすることにより、子どもが自ら変化し、行動を起こしていく。

これまでの知識注入一辺倒の授業ではもう立ち行かない現状を踏まえ、授業を再構築し、子どもたちが持てる知識を活用し、他者と協働するような学びを模索させることが大事である。

4　全員活躍型の授業（フルメンバー（子ども全員）・フルタイム（45～50分）・フルアクティブ（能動的）な授業）

子どもが分からないことがあると隣の仲間に聞くから学校の存在がある。一人で学べるなら学校は要らない。一人では学びきれないから子どもは仲間と学校で学ぶのだ。そのために、以下のような授業を目指したい。

①知識・技能などを教師が一方的に注入するのではなく、双方向・多方向から展開される授業
②子どもが聞く・書くだけに終わる授業ではなく、考えること、気付くこと、発信すること（アウトプット）の活動を取り入れた授業
③教師が充実した「教材分析」と教材観をもち、子どもに納得と安心、信頼感を与える授業
④言語活動を通して子どもの思考・判断・表現が一体的・循環的に進められる授業

〈「授業備品」No.84「フルメンバー（子ども全員）・フルタイム（45～50分）・フルアクティブ（能動的）な授業」〉

303　授業の４層構造

アクティブ・ラーニングに舵を切った現在の学習指導要領の授業に、本気で取り組むためにはどのような授業をイメージすればよいのだろうか。下図のように授業には４層構造がある。授業は、毎時間、学習する内容は教科によりちがうが、基本的生活習慣の定着を土台とし、認め合える学級風土に支えられ、学び方を身に付けることにより、教科の見方・考え方を生かした深い学びにつながっていく。この学び方に当たる部分が学習スタンダードだ。「一部の“分かる子”と教師を中心とした授業から、誰一人取り残さない「全員活躍型授業」への移行が、喫緊の課題である。そこで、授業づくりスタンダード、学級力の向上、生徒指導等は、全教師が強く意識して指導し続けることが大切である。

「全員活躍型授業」へ
子どもが学び取る学習
・学び方が子どもの内面にできて可能となる。
・そのためには、日々、学び方を学ばせること

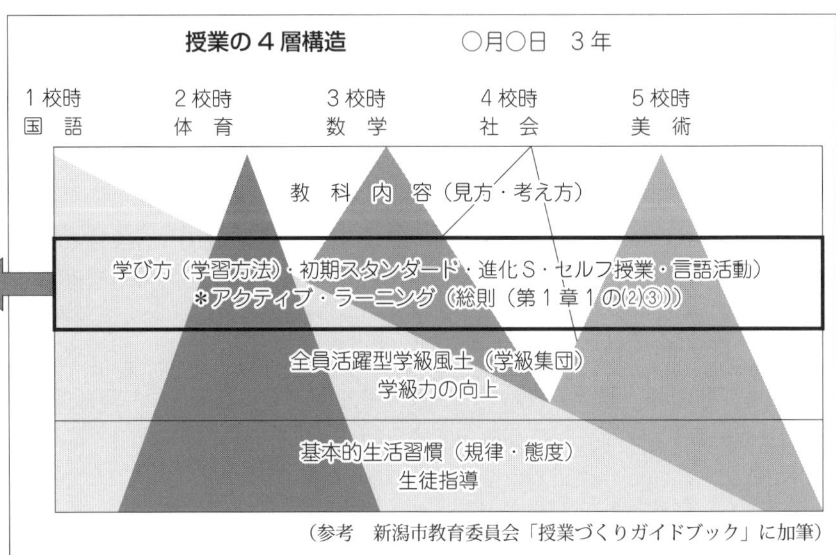

〈「授業備品」No.116「授業４層構造」と「学び方４階段」〉

基本的生活習慣（１層）の定着、認め合える学級風土（２層：全員活躍型学級風土）づくり、学び方（３層：学習スタンダード）の徹底、その上に教科の見方・考え方（４層）を活かした深い学びが実現する。究極は、写真のように、教師がいなくてもこどもたちだけで学びを進める「セルフ授業」だ。

304　４層構造に基づいた授業づくりチェック表

前項の４層構造と学びの階段（p.26、55 参照）に基づいた、子ども主体の授業づくりのチェック表を以下に示した。自己評価・自己点検に生かしてほしい。

授業の４層構造		学びの階段		チェック項目
プロフェッショナルティーチャー				□スタンダード学習を広めている。深めている【教師】
４層	教科教育 （見方・考え方）	４階段目	教科教育	□教科の見方・考え方について適切な課題が設定されている【教師】 □教師は課題設定・見通し・まとめ（教師の修正）の３度の出番を意識して授業ができている【教師】 □教科に応じたスタンダード（シラバスや時間配分など）を工夫・改善している【教師】 知識・理解学習、思考・判断・表現学習、技能向上学習の３パターン □振り返りで、次の時間の学び方の課題と教科の見方・考え方の課題が見えている【子ども】
３層	学び方の指導 （学習方法）	３階段目	セルフ授業 〈子どもたちだけで進めていく授業〉	□授業前にすべての授業準備ができている。【教師】 □教師が教室に入らない【教師】 □授業が止まった時、教科リーダー（司会者）が助言・アドバイスをしている【子ども】 □子どもたちだけで授業検討会ができている【子ども】
３層	学び方の指導 （学習方法）	２～３ 階段目 （踊り場）	Ｔ－サイレント レッスン （教師があまり口を差し挟まない〈サイレント〉で進める授業）	□教科リーダーが予習をして授業を進めている【子ども】 □教師は、教科リーダーの子どもだけに話している【教師】 □教師は指差し、板書、ヒントカード提示等に徹している【教師】
３層 ２層	学び方の指導 （学習方法） 全員活躍型授業 学級風土づくり	２階段目	進化した スタンダード	□教科リーダーが、授業を進めている【子ども】 □発言中に同意を促すことば、発言後につなぐことばを加えることができている【子ども】 □一問多答式の発表ができている【子ども】 □教え合い活動ができている【子ども】 （分かっている子がミニ先生となって活躍） □自分たちで深める（考察）方法を知っている【子ども】 □教科用語を深め合う時に使えている【子ども】 □教科用語を使って、課題に合うまとめを自分のことばで書いている【子ども】 □習った漢字を使って、３文以上でふりかえりが書けている【子ども】
２層	全員活躍型授業 学級風土づくり	１階段目	初期 スタンダード	□スタンダードの流れで授業が行われている【教師】 □課題に教科の見方･考え方を問うものと行動目標の２種類がある【教師】 □美しい言葉で発言・反応ができている【子ども】 □全員発表全員反応（全員ホワイトボード記載）【子ども】 □自分の考える学習時間がある【教師】 □友達と考えを出し合う学習時間がある【教師】
１層	基本的生活習慣の育成	地面	学級風土	□基本的な生活習慣が身に付いている【子ども】 □学級のルールが守られている【子ども】 □読書習慣が根付いている【子ども】 □あいさつや返事がきちんとできる【子ども】 □家庭学習がきちんとできている【子ども】 □相手の目を見て、話を聴くことができる。【子ども】

〈「授業備品」No.129「子どもが主体的な授業と真に言える授業」への学びの階段　佐喜浜小点検表〉

305　アクティブ・ラーニング

アクティブ・ラーニングとは、子どもが自分の考えを書いたり発表したり、グループで協働して課題を解決する活動である。仲間とのたくさん話し合いの中で、教え合いのある授業ともいえる。以下に、その授業のイメージを示す。

- 子どもが一人で問題に取り組むのではなく「ペアで意見を交換する」「子どもが説明する」授業
- 分かっている人が分からない人に伝え、分からない子は仲間から教師とは違う視点で説明を聞く授業。分からない子には、大きなチャンスとなる。
- 子どもが自分で考え判断したことをコミュニケーションをとりながら子ども同士で伝え合う授業。

1　子どもたちへ

(1) 学び方が変わる

社会がグローバル化し、一人や一国だけで生きるのは不可能な時代に入った。今の時代を生きるためには、共生の心が重要だ。そうした生き方を学ぶために授業が変わる必要がある。**一人勉強から、仲間と一緒に学ぶ学習だ。授業の中で仲間とやりとりをすれば、自分の気付かなかったことを教わる。**学習の苦手な子にとっては仲間から学ぶことになるので理解できるようになる。その方法がアクティブ・ラーニングだ。

(2) アクティブ・ラーニングには様々な学び方がある

アクティブ・ラーニングには様々な手法があり決まった型はない。下記のような方法を必要に応じて取り入れればよい。知識・技能の習得の場面ではこれまでの一斉指導型が有効な場合もある。こうしたことを意識をして取り入れることが求められている。

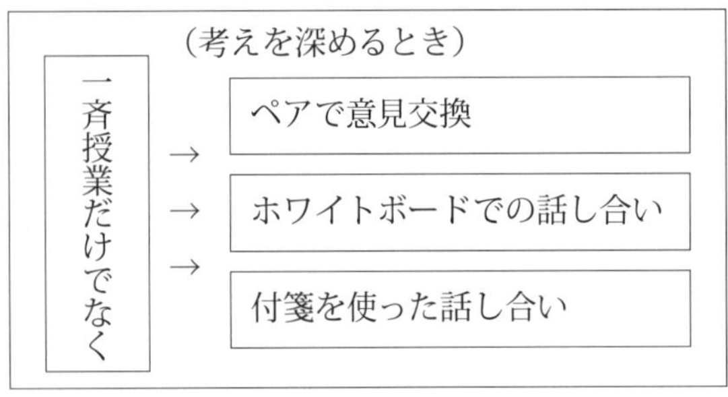

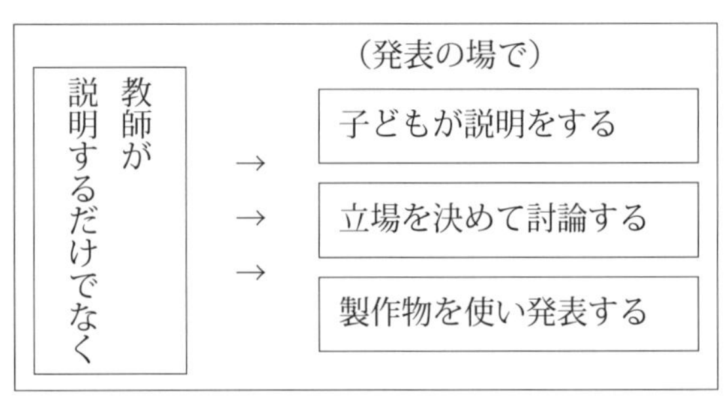

（文部科学省「言語活動の充実に関する指導資料　高等学校版」）

(3) 教科横断的な学び

アクティブ・ラーニングは、どの教科でも取り入れることができる。これまでの学級や教師によって違う授業を、学校で共通した①問題解決的な学習活動、②見通しや振り返りを行う学習活動、③言語活動等を教科横断的に取り入れることになる。特に学習過程（問題解決学習過程）を統一することが中心となる。

協働的な学習では音声言語を使うことが主となるが、文字言語も重要である。話し合いをする学習に加えて、しっかり考えを書いて表すことが大切である。これをバランスよく教科横断的に行うことが重要だ。

(4) 従来型の学習で伸びきれなかった子を伸ばす

従来の知識習得型の学習は個人学習が主だが、アクティブ・ラーニングは協働的な学びが中心だ。子どもたちは仲間で学ぶため、必然的に授業に参加するようになる。とりわけ、従来型の学習で伸びなかった子がペア学習、班学習、全体学習等で仲間から学ぶことになるので大きな伸びが期待できる。教師とは違う同じ**仲間の目線で説明を聞くことになるので分かりやすくなる**と思う。学習が分かっている子にとっては、友達に教えることで自分の考えを整理できる。アクティブ・ラーニングはどの子にもチャンスを与える学びだ。

2　先生方へ

(1) これまでの授業からの脱却

これまで多くの学校現場で行われてきた授業は、教師による講義型の授業が多かった。「子どもは教師の話を一方的に聞き、板書をノートに書くことが中心となっている」「テストでは、覚えた知識を早く正確に出せるかが重視されている」「読み書き計算の知識が重要であるとし、ドリル型の授業が多い」というものだった。「主体的・対話的で深い学び」「個別最適な学び・協働的な学び」が打ち出され、学校現場も変わろうとしているが、まだ道は半ばである。授業を変えるポイントは、子どもに身に付けさせる学力でなく、子ども自らが獲得する学力への転換である。

(2) 待てる教師

教師は、子どもたち同士のコミュニケーションにできるだけ入らないのがかぎとなる。**課題の設定までは教師中心に授業を展開してもよいが、その後の学習過程は、できるだけ子どもたちに任せることが重要だ。**ペアや班学習、全体の練り上げ等では手を出さないようにする。特にグループ学習は毎時間取り入れ、子ども同士にやりとりを任せる。できるだけ待つ姿勢を貫くことだ。多弁とならないよう我慢、我慢を心掛けたい。

以下に、子ども主体の授業を創るポイントを示す。以下の5点をやり切ることが大切である。

●子ども主体の授業を創るポイント

1　講義調の多弁を止め、教師が教える学びから子ども同士が仲間で学び合う学びに変える。
2　対話のスキル（言語わざ）の導入　＊やりとりのルールや使う言葉を工夫する
3　班活動の重視（協働的な学び）
4　授業進行係（子どもたち自身で授業を進めるための司会役）の導入
5　子どもたち同士の交流による考察

これまでの学校に合格することや就職に備えるだけの学校であってはならない。その先にある、仕事に就いてからの人生をどうやって歩んで行くかを方法を学ぶ場が学校だ。これからを生きる子どもの視点から「身に付けたい力」を考えていけばおのずと指導方法も変わる。これまで良しとされてきた覚える学力が、アクティブ・ラーニングで力をつける学力に変わっていくのは当然なことだろう。

2030年の社会はどうなっているだろう。少子高齢化が注目されるが、ITの進化やグローバル化による社会構造の変化は大きいと思われる。予想されるのは、現在ある職業の多くは消え、新しい職業が続々と出てくることが指摘されている。こうした中で学校教育に問われていることは何であろうか。

IT社会の変化に対応できるような子ども、グローバル化の中で多様性を受け入れ協調してに生きていける子ども、持続可能な社会を創り出していける子ども、すなわち主体的・協働的に生きていけるような子どもを育てることが学校に求められている。

子どもの未来を保障するためにも、子どもが自立的に学力を身に付けることができる学校でありたい、と思う。

〈「授業備品」No.10「アクティブ・ラーニング」〉

306　仲間にやさしい「教え合い」

1　子ども目線で「子ども主体」の授業を見直す

東京の学校で授業改革を行い、授業力や学力を上げる経験を積んだ。教師一人一人のバラバラな授業スタイルを全校のスタンダードに変えることで成果を出せた。そのことから多くの県からの参観者が訪れたが、その中で、ある県から視察に来た教師の言葉が忘れられない。

「この学校では、先生（教師）が自分流のやり方で教育活動を行うことが受け入れられないような気がします。特に授業は、各先生が自分の判断だけで授業の展開を組み立てていくのではなく、同じ学年の先生方が協力して一つの指導案を作成しています。板書型指導案がよい例です。指導内容を板書計画にし、チーム（メンター）で検討し、学年指導案として作成をします。だから、どの学級でも、ほとんど同じ方法で授業が行われているのです」

なぜこうした方法を取ったのか。それは、子どもを真ん中に据えた授業を行おうとしたからだ。全教師で学習指導要領の趣旨を分析した。学習指導要領は、これまでも子どもが「自ら学ぶ」ことがキーワードとなっており、指導要領の改訂があっても、子どもが「自ら学ぶ」という文言は続いた。そのことを自校の授業に照らし合わせてみると一つの課題が見えた。「子どもが自ら学ぶ」としているが、教師側からの指導方法や授業改善に終始していたとことだ。授業は、教師が創るのではない。**私たち教師には、授業では「黒子」になり、「子どもが授業を創る」ように後押しをする役が求められている**ことに気付いた。子ども側からの視点で授業改革を進めていくことに気づいたことが授業改革の出発点になった。

学習指導要領は、「自ら学ぶ」から「主体的」に変わったが、子どもの動き方はさほど変わらない。多くの学校では、その動き方を文章化し、授業改善の工夫がなされている。①教師が「教える」から「学びとらせる」へ。それは、子どもが「教わる」から「学びとる」ことへの転換だ。②教師の「教えたい」から子どもが「学びたい」に変える。いずれもよい授業改善の目標設定だと思う。そこに、私たちが気付いた子ども目線からの授業改善目標を付け加えたらどうであろう。そのためには、まず、教師主導から子ども主体の授業への転換となるための授業改善チェックが必要だ。p.14 に示した授業の課題とメタ認知を参考にしていただきたい。

子どもたちは、毎日学校へ何をしに来るのかを考えてみることも大切だ。授業で子どもが①**学習がわからなければ仲間に聞く、②隣の書いたノートを見ることで理解をする、③一人で効率が悪いから授業という場がある、④友達同士で教え合うのは学校でなければできない**、だから学校や授業がある。

2　街角で道を尋ねるような気軽さで友達に聞いてみる

このことを中心に考えれば、授業は子どもたちにとって「教え合う場」となる。深い学び、協働的な学びだけではなく、子どもたち同士の「教え合い」で授業を進めるとよい。その基本形が問題解決的な学習だ。その中には７～８の学習過程がある。本項では、その中の「ペア活動」に焦点を当ててみる。キーワードは「一人学び＆教え合い」だ。学習課題の自力解決の前に、解決の見通しがもてるかどうかの子どもに聞いてみる。多くの子どもが解決ができるとなれば「自力解決」に移る。そこからドラマが始まる。課題を解決できた子は、解決できない仲間のところに行き一緒に考える。教え教わる場面となる。学習が理解しにくい子は、全体の前で質問し、分かったと意思表示をするのは難しい。だが、仲間との１対１の関係なら聞きやすい。「教え合う」授業は、一見、学習の進度が遅くなると思いがちだが、いったん歯車がうまく回りだすと学習の進度も早くなる。「教え合う」授業が多くの学校で行われることを期待したい。

私たちは、目的地への道が分からなければ人に尋ねる。ごく当たり前のことだ。こうした街の風景のように**学級内に仲間にやさしい「教え合いの場」を創ろう。特に学習の苦手な子にとってのオアシスの場にしたい。**

〈「授業備品」No.128「仲間にやさしい『教え合い』」〉

307　これだけでも

いまだに子どもが座りっぱなしの授業を見ることがある。アクティブ・ラーニングには「アクティブな動き」が必要だ。教師には、ぜひ自分が受けてきた授業をコピーすることから抜け出てほしい。そのために「これだけでも」やってほしいことを以下にまとめてみた。

1　「座りすぎ」を止める

大人でも座りっぱなしの仕事がきつく感じることはあるだろう。そんな時、立ったり歩いたりすると仕事の効率が上がることはよく知られている。子どもも同じこと。授業で子どもが考えたりする時に立ち上がらせることは、すぐにでもできることだ。「脳」と「体」をバランスよく働かせることは、アクティブ・ラーニングの趣旨に沿うことだと思う。ぜひ、授業での**「座りすぎ」を止め、「立って動く」アクティブな授業を期待したい。**

2　考察は、「つまり」のこと

「考察」や「深い学び」と言葉が並ぶと、なぜか難しくなる。熊本県荒尾市立荒尾第一小学校では、考察を平たく言う「つまり」という言葉で練り上げを行っている。

①［考察1］班の意見の出し合いとカテゴリー分け：班活動の後、各班から出されたホワイトボード（全員が一度は短冊やホワイトボード等に書き、その集合体の考えを別の「短冊・ホワイトボード」に書く。それを黒板に貼り、カテゴリー分けを行う。

②［考察2］カテゴリー分けされたものを見て「つまり、課題の○○は、……」：学習課題を再度言い合い、**「つまり」を主語に課題解決を図る。「つまり」が、自分の意見を言う（解釈）ことにつながる。**

3　班の考えは、全員の考えの出し合いの場

班での討議をまとめる際に、分かる子どもが一人で班の総意としてホワイトボード等に書くことは避けたい。一人ひとりが書き込んだ意見を見せ合いながら討議をした上で、改めて集約して書き直し、班の考えとしてまとめていく。その後、友達の間を行き来する「ぶらぶらタイム」や「ワールドカフェ」を行い、自分のノートに新たな情報を書き足していく。その後、黒板にホワイトボードを出し、カテゴリー分けを行い、全体で話し合う。たとえ分からなくても自分の考えを少しだけでも出すことによって、学びは協働的になる。

4　班長が順に発表するより、班の考えの構造化を行う

班の考えを順番に発表させる授業があるが、これは単発に意見を出すだけで、「つなぐ」発表にならない。**班で十分に意見を出し尽くしたら、班の考えを書き込んだ付箋や短冊（数枚）を構造化し、班同士の考えをつなぐ。**その後、前述した考察に入り、学級としての課題解釈を行う。そのことにより子どもたち自身で学習課題に正対できる。

5　板書

板書は教師だけのものではない。子どもたち全員に授業の「ストーリー」が見えなくてはならない。**子どもがこの授業で「つけるべき力」は何か、「どのような手順で授業が進むのか」が分かる板書でありたい。**ユニバーサルデザインの考えを板書にも取り入れたい。子ども自身が黒板をノートのように使うようにすることも考えてみたい。

〈「授業備品」No.164「これだけでも」〉

308 リモート授業参観から見えてきた課題

リモート授業参観では、教室の後ろから写すため、子どもたちの姿勢や教師の立つ位置がよく分かる。「これでは子どもが退屈するだろうな」「先生が注意をしても効き目はなさそうだ」と思うことがある。一方、これは良いと思う授業にも特徴がある。子どもが教師の話を聞く機会が少なく、どんどん主体的に作業をしていく授業だ。リモート授業参観から見えてきた授業課題を整理する。

1　作業を多く！［授業を子どもの手に］

「子どもが落ち着かない」「話を聞く姿勢ができていない」。このことは教師側から見ればそうだが、反対に子どもの側から見たらどうだろう。「先生ばかりが長くしゃべっている」「やたらと指示が多い」。解決するには教師が変わるしかない。「話は短く」「子どもが作業をどんどん進めていく」ことを目指すとよい。問題解決的な学習の手順に沿って子どもを信じて授業を任せる。まず、自らの授業ビデオを見て子どもの様子を見よう。

2 「聞く・話す・書く・読む」のリズムで［アクティブに学ぶために］

授業にはリズムが必要だ。教師の話を聞くだけでは子どもの思考は止まる。教師の話ばかりでは子どもは授業から離れていく。そこで、リズミカルに**聞く→話す→書く→読む→タッチ**のサイクルを心がける。**聞く**は、仲間の声を聞くこと。教師の長々とした話を聞くことではない。**タッチ**は、タブレットを使用すること。このサイクルがうまく回れば、授業展開は子どもの主体性が生かされるものになる。

3　子ども同士の「対話」を多く、教師と子どもとの対話を少なく［対話は子ども同士で］

アクティブ・ラーニングの良さは、子ども同士が自然体で意見交換ができることだ。ペアで問題に対する「気づき」を意見交換する。課題を書いたら「見通し」の内容を仲間で話し合う。自力解決ができないときは仲間から聞く。**意見交流は「ぶらぶらタイム」「ワールドカフェ」。タブレットで少人数の意見交換。考察では、仲間の考えたことを少人数で構造化を図った上で考察をしていく。**子ども同士の「対話」がたくさんある授業がよい。子どもたち同士の「対話」を遮り、教師がやたらに前に出る授業は、子どもに何も残らない。

4　挙手・指名・発表スタイルを少なく［全員参加の授業に］

子どもたちは遊びの中で挙手・指名・発表スタイルをとっているだろか。教師同士の会食の中で挙手・指名・発表スタイルがあるだろうか。**自然体で「対話」が行われるのがアクティブな授業なのだから、挙手・指名・発表スタイルは、「主体的・対話的で深い学び」にはそぐわない。**「挙手・指名・発表」では、分かる子だけで授業が進む。学校は子どもたち全員のためにある。教師からの挙手・指名・発表を少なくして、**自然体で子どもたちの口から言葉が交わされるように心がけたい。**

5　教師は黒板の前から離れる［子どもによる子どものために授業に］

リモートで授業を見ていると教師が最初から最後まで黒板の前から離れない様子を見ることがある。ある学校、授業者へ最初の７分くらい、あとは子どもの席に座り、課題設定までを見守って欲しいと頼んだことがある。子どもたちが授業準備をし、教科リーダーが中心となり、ペア学習を多くする中で課題設定までいくことをお願いした。子どもたちは教師を頼らず、自分たちで授業を進めていこうとした。子どもの主体的な授業スタイルとなっていった。

まずは学習過程を確立させ、日ごろから子どもを信じ、子ども主体の授業づくりに取り組んでほしい。

〈「授業備品」No.162「ZOOMから見えてきた授業課題」〉

第 4 章

学習スタンダードをひも解く

401　学習スタンダードとは

これまでの学習指導要領は、「何を教えるか」が主に記載されていた。だが、現行の学習指導要領には、育成すべき資質・能力」「主体的・対話的で深い学び」など学び方が記載された。これまでの学習指導要領の構造自体を大きく転換する、抜本的な改訂となったと捉えられる。

これまでの問題解決的な学習方法は大きく変わらないが、学びの主役が教師から子どもたちへ変わった。**子どもたちが主体的・対話的で深い学びを行うための具体的方法を記したのが「学習スタンダード」**である。

子どもたちがこの学習スタンダードで学び方を身に付ければ、これまで教師が行ってきたであろう「子どもが受動的になりやすい授業」から、「能動的になる授業」へと転換できる。

「学習過程スタンダード」は授業の流れを示したもので、多くの学校現場で取り組まれている。しかし、**「問題解決的な学習」を定着させるためには**、「導入、展開、終末の三段階」「問題把握、自力解決、集団解決、まとめの４段階」といった単なる流れだけでなく、**学び方も含めたものにしなければならない。**そこで、まずは子どもと教師に授業内での動きを学び実践することが重要と考え、詳細な問題解決型の学習方法を示した。私たちが呼ぶ「学習過程スタンダード」とはそのようなものである。取り組んでみると効果はすぐに出る。**子どもが授業での動き方をマスターすると、教師の指示言葉も減り、子どもが自ら学習するようになり、教師も授業に手応えを感じるようになる。**

しかし、子どもがただ動くだけ、情報交換がたくさんあるだけでは、身に付けさせたい力は付かない。課題解決の「見通し」が立つかどうかの確認をしたり、学び合いで分からないところを「対話」で解決しようとする場面を設定したり、子どもが仲間から学んだことを「振り返り」として確実に行うことが大切だ。

【子どもが受動的になりやすい授業】

子どもが、教師からの話を聞くことが中心となり、考えたり、書いたり、他者との対話などの活動がない授業。

【子どもが能動的になる授業】

子どもが、今日の授業で、何を、何のために行うのか見通しをもち、お互いの考え出し合い、考えを深め、まとめ振り返る学習過程が明確な授業。

教師の説明が多く子どもが受け身になりがちな授業から、
子どもが主体的・対話的で深い学びを創る授業

◇子どもはこんな授業を待っている !!

- 主体的に問題を解決する授業
- 気付きや発見のある授業
- 考えることが楽しくなる授業
- みんなで作り上げていく授業
- 話し合ったり協働したりすることで、自分の考えや作品等が豊かになる授業
- 自分の良さを誉めてもらったり、友達の良さに気付いたりする授業
- 基礎基本が分かりできるようになる授業　等

◇教師はこんな授業を目指そう !!

- 問題解決的な学習を柱とした授業
- 子どもが見通しをもち、何をどのように学ぶのかが分かる授業
- 子どもが何が分かったか、できるようになったか等が振り返れる〔分かる〕授業
- 子どもが中心〔全員参加型〕の授業
- 思考力・判断力・表現力が育つ授業
- 学んだことを生かす〔活用する〕授業
- 子どもがわくわくする授業 等

402　授業の枠組み

授業の１単位時間には、いくつかのパターンがある。基本となる授業の流れを下記に示しておく。ここで着目したいのは、技能習得型の授業も問題解決型（課題追究型）の学習方法にピッタリ当てはまるということである。「主体的・対話的で深い学び」に向けた授業づくりの参考にされたい。

１　問題解決型基本型

すべての授業の基本形となる。学習課題の「親戚」は、まとめだ。まとめの書き出しは、課題の１行目と同じとなる。

- ①　問題の提示
- ②　気付き（問いをもつ）

- ③　学習課題の設定
- ④　見通し（問いの共有）

解決活動Ⅰ
＊本時のまとめを意識した
アクティブ・ラーニング
⑤　自力解決

解決活動Ⅱ
＊本時のまとめを意識した
アクティブ・ラーニング
⑥　集団解決（考察）
・ペア
・班
・全体

- ⑦　まとめ（価値の共有）
- ⑧　振り返り（補充・発展）

２　技能習得型教科

学習課題が「～についてできるようになろう（技能）」形式の教科である。体育・図工・音楽等の追究段階の授業の場にあたる。

- ①　問題の提示
- ②　気付き（問いをもつ）

- ③　学習課題の設定
- ④　見通し（問いの共有）

解決活動Ⅰ
＊本時のまとめを意識した
アクティブ・ラーニング
⑤　自力解決
⑥　集団解決（考察）
自力・ペア・班・全体

- ⑦　まとめ（価値の共有）

解決活動Ⅱ
＊本時のまとめを意識した
アクティブ・ラーニング
⑥　集団解決（考察）
・ペア・班・全体

⑧　振り返り（補充・発展）
＊まとめを入れた振り返り

３　単元型構成教科

下記の形式は、２時間授業を考えた授業である。学習課題から、振り返りまでを考えた上での構成だ。問題（資料）の提示は、１時間目にある。

- ①　問題の提示
- ②　気付き（問いをもつ）

- ③　学習課題の設定
- ④　見通し（問いの共有）

解決活動Ⅰ・Ⅱ
＊本時のまとめを意識した
アクティブ・ラーニング
⑤　自力解決
⑥　集団解決（考察）
・ペア・班・全体

- ⑦　まとめ（価値の共有）

＊前時のまとめを意識した
⑦　まとめ（価値の共有）

＊本時の振り返りを意識した
③　活動のめあての設定
④　見通し（問いの共有）

解決活動Ⅰ・Ⅱ
＊まとめを意識した
アクティブ・ラーニング
⑤　自力解決
⑥　集団解決（考察）
・ペア・班・全体

⑧　振り返り（補充・発展）
＊まとめを入れた振り返り

〈「授業備品」No.118「授業の枠組み」（問題解決的な学習の１単位時間の時間配分）〉

403 授業づくりのイメージ

授業づくりのイメージ図

「主体的・対話的で深い学び」の実現

学習スタンダードは、固定したものではない。子どもの学びに応じて、より子ども主体の授業へと進化させていく必要がある

子どもは予習型の学び。
教師は、学習指導要領教科編記載内容の熟読

4年目（第4段階）
教科の見方・考え方
＊ここからでも遅くない

進化型スタンダードをマスターした後は、セルフ授業・Tサイレントで**真に子どもが主体的な授業づくり。**学習指導要領の熟読

3年目（第3段階）
進化型スタンダードⅡ
セルフ授業・Tサイレント授業

初期スタンダードと並行して、進化型スタンダードを習得し、**単元の目標に迫る授業づくり。**学習指導要領の熟読

授業の振り返り

2年目（第2段階）
初期スタンダードⅡ
進化型スタンダードⅠ

初期学習過程スタンダードを習得し、**本時の課題解決を図る授業づくり。**学習指導要領の熟読

子ども研究協議会（子ども）
校内研修協議会（教師）

入学時・転入時（第1段階）
初期スタンダードⅠ

教科リーダー・小中乗り入れ授業

＊学校に来る理由（授業づくり）4視点
①「隣に聴く（利用する）」②「アウトプット」
③「記述する（書く）」④「アクティブな動き」

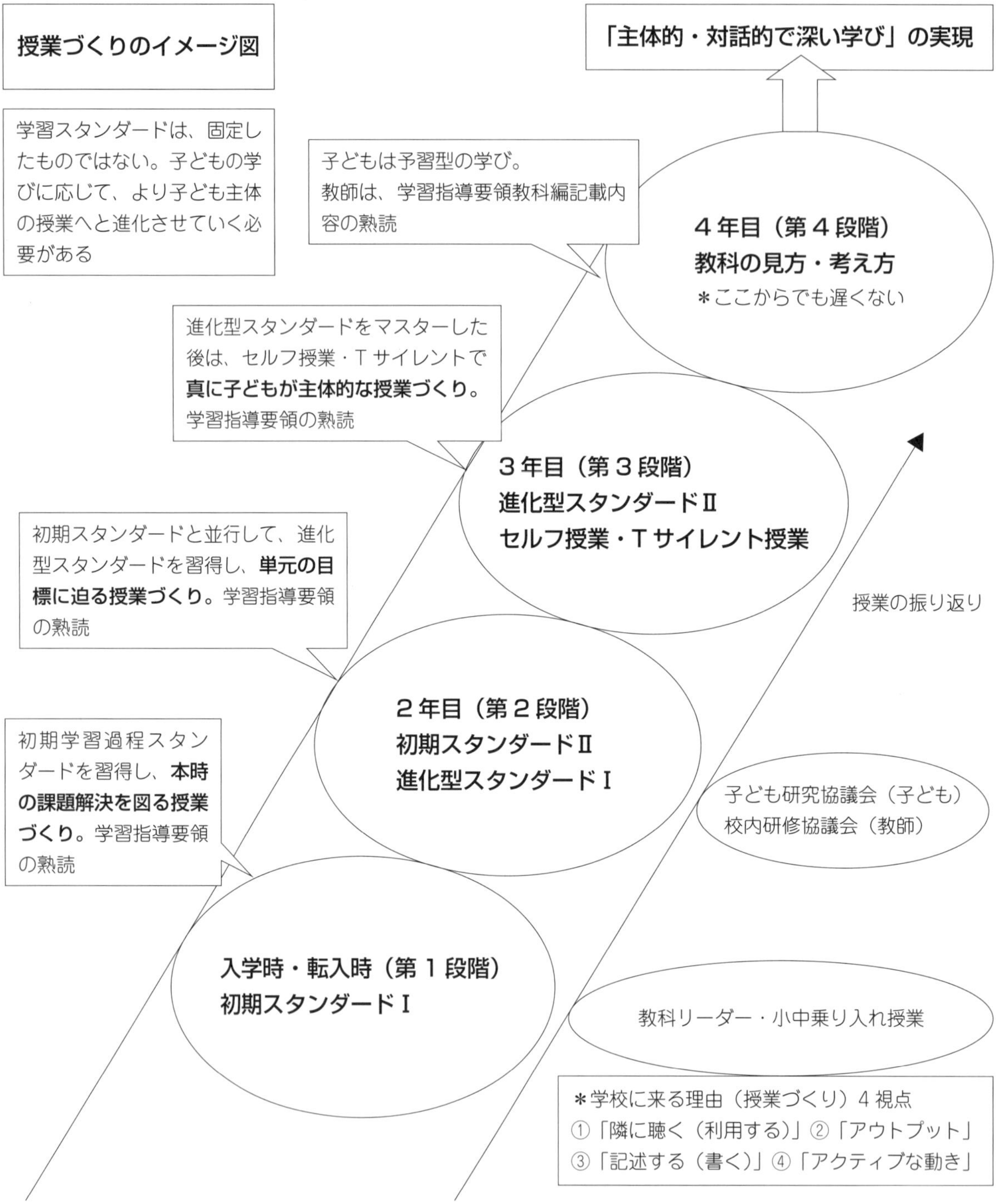

〈「授業備品」No.142「授業づくりのイメージ（子供も教師も同じ）」〉

404　初期学習スタンダード（基本形）

本項では、子ども主体の学習スタンダードの一例として、本時の流れを以下に示してみたい。これは今や多くの学校で取り組まれているものであると思うが、子どもがどのような活動をすればよいのか、グッズ（黒板に貼付するカード類）を具体的に提示することが大事なポイントだ。このグッズに慣れてくると、より詳細なグッズも子どもたちは理解し、アクティブに学習活動を進めていくことができる。

本時の流れ（シラバス）を提示し、みんなで確認する

1　日付を書く（左側に 1cm 幅の縦線を引く）

2　課題（めあて）をつかむ

・グッズ：　㋕　㊫　めあて　　課題（めあて）の文章を青で囲む

・問題提示（問題意識を持たせる）　→　課題確認　→　課題の共有

3　一人学び（自力解決）

・グッズ：　㋛　㊊

・ノートに自分の考えを書かせる。　　※赤ペンで評価を入れる。ほめる

・机間指導の中で支援を要する子どものサポートに当たる

4　ペア学習

・グッズ：　㋣　(友)

・友達と意見交換をする（子ども：友達の意見を肯定的に受け入れ、コメントする）

5　班学習

・グッズ：　㋣　(友)

・友達と意見の交流をする（学び合い）

・司会進行役（教科リーダー）による話し合いやワークショップ

6　みんなで協議（練り合い）

・教師は子どもの意見を板書していく

7　まとめ

・グッズ：　㋮

①自分でノートにまとめる

②３人くらい発言リレーをし、最後に１人が３人の意見をまとめる

③再度ノートにまとめる（友達の意見を聞いて、自分が書けていなかったことを書き足す）

8　振り返り（学習日記、評価カード等）

①分かったこと、②そこから考えたこと、③もっとこんなことをしてみたいこと（次時への意欲）

9　次時の予告

405　進化型スタンダード一覧

1　見通し

［授業の前に］
ア　教科リーダーの授業の準備（グッズ貼り）
イ　わくわく目標朝礼
ウ　キーワードをみんなで考える
エ　学習（教科）リーダーが進める
　・キーワードの掲示　・付けるべき力の掲示
　・指導計画の掲示㊕
　・短冊やホワイトボードの提示
　・板書予定

①前時の振り返り　・ぶつぶつタイム
　○分かったこと
　○がんばったこと
　○友達から学んだこと
　○今日したいこと

②Ⅰ問題（資料）の提示
・問題や資料が示されます

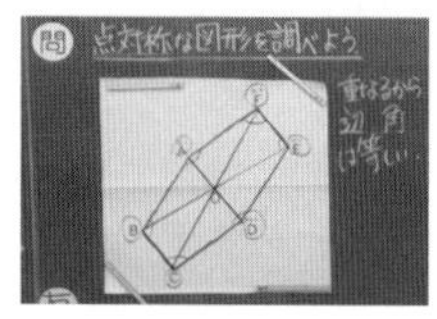

③Ⅱ気付き（問いをもつ）＊リーダーが発表
・気がついたこと
・考えられること
・調べてみたいこと
＊社会系　・気がついたこと　・考えられること
・調べてみたいこと

④Ⅲ学習課題の設定　・課題を青線で囲みます

⑤学習課題の3回読み
・課題を書いた人から読みます

オ　教師はここまで子どもに任せる

⑥Ⅳ見通し　学習内容・学習方法・アイテム・キーワードが1回目にここに旅をします

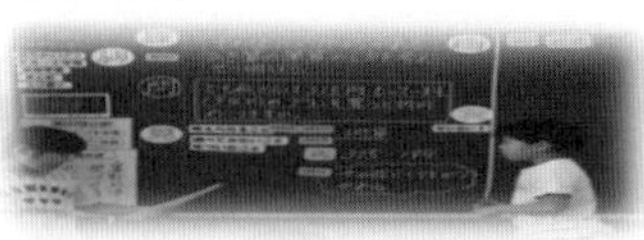

⑦自力解決の2度の確認（グーパー）
・教え合いをします

⑧まとめの書き出し
・課題とまとめの1行目は同じ

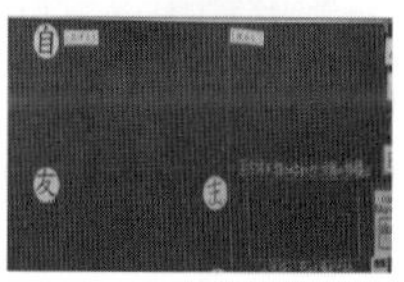

2　解決活動

⑨Ⅴ自力解決
・図、式、言葉
・考えた訳も書きます
・ブラブラタイム

⑩Ⅵ集団解決ペア学習
・褒めてアドバイス
・ペアは4ペア（隣・クロス・飛び・列）

⑪班学習
・ノート回し
・ホワイトボード

カ　全員が書くホワイトボードや短冊

キ　ワールドカフェ

⑫学び合い１（学習課題の情報交換）
「単純意見交換」
・意見や調べた事実の単純な意見交換をします
・キーワードを活用します

ク　スマイルパス
・話をつなぐ

ケ　ホワイトボード貼りと仲間分け

⑬学び合い２「考察」（課題解決のための意見交流）
・再度、課題文を読みます
・気付きを発表します
・キーワードが２回目の旅をします
・「つまり〜」

コ　ホワイトボード上の考察

サ　３色マーカーでの考察

シ　ゼミナール形式での考察
・全員の付箋出し
・一つの意見にまとめる（ホワイトボード、短冊）

⑭教師の修正
・課題に迫れない時
・付け足し
・切り返しの発問
・ねらいとまとめの整合

3　まとめ

⑮Ⅶまとめ（価値の共有）・自分流で書きます
・教師のまとめを写しません
・キーワードの３回目の旅です
・まとめブツブツタイム（ペア）
・「つまり〜」

4　振り返り

⑯Ⅷ振り返り
ぶつぶつタイム（ペア）

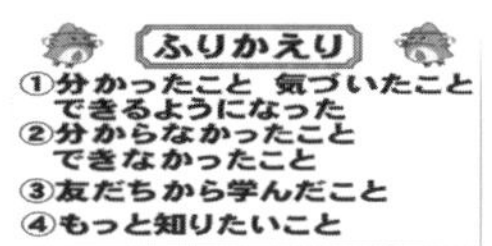

ス　子どもミニ授業反省会
・先生も参加

セ　教科リーダーの後片づけ

ソ　教師研究短時間協議会

⑰セルフ授業大会

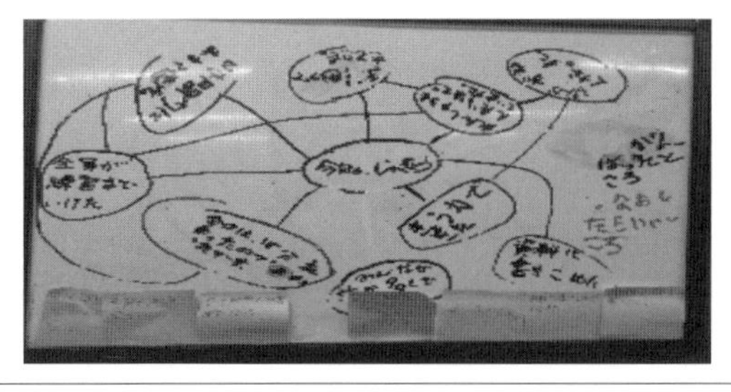

学習過程スタンダードは単なる手続き的な流れではない。「見通し」「解決活動」「まとめ」「振り返り」のプロセスの中に、子どもたちが主体的・協働的に学べる手法をふんだんに盛り込んでいくことが重要である。

〈「授業備品」No.152「進化型学習過程スタンダード一覧」〉

406　授業の進め方（児童生徒司会用）

子どもたちで進めていく授業では学習リーダーによる司会進行がカギとなる。本項では、高知県のＳ小学校で作成した司会原稿を紹介し、「教えない授業」の進め方を考える。

シラバス	司会の言葉（児童）	児童・生徒の学習
授業前	教師・学習リーダーは授業グッズ準備。 教科用語・１人学びポイント・まとめリード文等準備	ノート準備（線）
ふりかえり	①前の時間に勉強したことを発表してください。 ②先生、資料（問題）をお願いします。	各自が前の時間のふりかえり（まとめ）を３回ぐらい発表。
１問い（資料）の提示	教師　問いの提示 （資料・問題文・教科書ページ指定等）提示	提示物を見る。
２気付き	③資料を見て（Ｗで見て） ㊟かっている事　（㊟が付いた事） ㊟かれている事　（㊟べてみたい事） 今までの学習との㊟がい　（㊟えられること）　㊟位 について、気付いた人から発表しましょう。	分 気 聞 調 ち 考 単 ※ノートに単語でメモ 記号　や　省略・・可
３学習課題の設定	④今日の学習課題を考えましょう。 （1）問いかけ型 ア「なぜだろうか？（理由）」 イ「どのようにすれば～できるだろうか？（方法）」 （2）身に付ける知識・技能型 ア「～について知ろう（知識）」　イ「～できるようになろう（技能）」 （3）思考・判断・表現型 ア「～についてまとめよう（集約）」　イ「～を説明しよう（表現）」 ※司会が案を出すとよい　※指導計画を参考にする。 ⑤先生、修正をお願いします。 ⑤今日の学習課題を読みましょう。（各自３回　全体１回）	課題を読む。
４見通し	⑥今日の課題を解くための見通しを立てましょう。 算数・求め方をペア（またはグループ）で話し合いましょう。 社会・どの資料をみるとよいでしょうか。 国語・他全教科　学習内容は「これ」です。 学習方法は「これ」です。 キーワードは「これ」です。 アイテム（おはじき・タイル等）は「これ」です。 ＊詳細な見通しを立て、これなら解けるまでもっていく。 ⑦まとめの書き出しは、どうすればよいと思いますか。	話し合う。
シラバスの提示 言語わざ	⑧今日の学習の流れは黒板のシラバスカード通りです。 ⑨今日の言語わざは、（　　　　　）です。	

理解度チェック 板書ノート 51 人学び	⑩理解度チェックをします。 一人で解けそうな人はパー、むずかしい人はグーでサインを出してください。ありがとうございました。 ⑪ここまで板書をして、終わった人から10分間の1人学びを始めて下さい。（言語わざは書かない。） ※司会者もノートを写し、その後タイマーを手に取る。 ア　ノートに自分の考えを書きましょう。 イ　ホワイトボードに自分の考えを書きましょう。 ウ　孫カードを使って、ホワイトボードにまとめましょう。 エ　付箋紙に自分の考えを書きましょう。 オ　ワークシートに自分の考えを書きましょう。 ※タイマーがなった後、 ⑫1分間のフリータイム（カフェタイム）です。 ノート・付箋紙・ホワイトボード等を見て回り、大事だと思うことは、自分のノートに書き加えて下さい。 ※司会者のノート写しが終わったら・・・	サインを出す。 ※グーを出した子は、ヒントカードをもらうかヒントになる教科書のページを教えてもらう。 立ち歩き。 ノートに追記。
6A ペア学び 6B グループ学び	⑬次はペア学びです。5分間で考えを伝え合いましょう。 言語わざ「　　　　　」を使って話しましょう。 ・話し合ったことは、ノート・ホワイトボード・孫カード・ワークシート・付箋紙に付けくわえましょう。 ・書き終わったら、ホワイトボードや黒板にはって下さい。 ※タイマーを押す　※タイマーがなった後、 ⑭次はグループ学びです。5分間で考えを伝え合いましょうノート回しから始めて下さい。言語わざ「　　　」を使って話しましょう。 ・ノート・ホワイトボード・孫カード・大ワークシート・短冊に書いたことを班で紹介しましょう。 ※タイマーを押す　※タイマーがなったら	ペア学び。 ※発表者：同意を求める言葉を加えながら発表。（いいですか。わかりますか。～ですね。よろしいでしょうか。） 聞き手：発表者に体を向け、うなずきながら聞く。 ホワイトボード等に書く。
6C 学び合い1 （個の考え出す） 中ゼミ考察方式 全員で黒板を見る。 6D 学びあい2 （考察）	⑮次は学び合いです。全員の付箋紙·ホワイトボード·大ホワイトボードを黒板に貼って下さい。2～3分で見てください。 ・8～10人で短冊を出し合い、キーワードとの構造化をして大ホワイトボードで考察をしてください。 ・全員の付箋紙・ワークシート・ホワイトボード・大ホワイトボードを黒板に貼って下さい。なお、中ゼミで話し合ったことを更に班の代表付箋として記入をしましょう。 ⑯もう一度、今日の課題をみんなで読みましょう。 （基本は、本時のキーワードとの融合し考察を行う） Aパターン　全員のホワイトボードを見て違いを見つける。 Bパターン　ホワイトボードとキーワードとの融合を図る。 Cパターン　班の短冊とホワイトボードの内容の違いを考察。 Dパターン　班長同士が違いを話す考察。 Eパターン　大ワークシートを見てキーワードと融合の考察 Fパターン　全員が短冊に書いたものを黒板に貼り考察。 Gパターン　全員が書いたホワイトボードと短冊の融合考察。	学び合い1。 学び合い2。
教師の修正	⑰先生、修正をお願いします。 ありがとうございました。	修正を聞く。

7 まとめ	⑱もう一度、今日の課題をみんなで読みましょう。 ⑲今日のまとめをします。 　課題について自分の考えをノートにまとめて書きましょう。書き終わった人から、各自その場で3回発表してください。次にペアで確かめ合ってください。 ⑳全員で共有します。 　発表をお願いします。（前に書いて下さい。）	ノートにまとめを書く。
8 ふりかえり	21 次はふりかえりです。 　学び方の反省・言語技について・友達から学んだこと 　　もっと考えたい・知りたいことを書いて下さい。 　　書き終わった人から、各自立って3回発表して下さい。 22 最後にチャレンジ問題です。	ふりかえりを30文字以上で書く。
リーダータイム	23（司会から）今日の授業は～です。 　これで、今日の授業を終わります。しせい・礼。	

授業全体を通し、教師のことばを精選。

子ども協議会（授業の学び方振り返りの会）

　これから、授業のふりかえりをします。

　　①今日の授業でよかったところを、発表してください。

　　②次に「もっとこうしたらいいな」と思うことを発表してください。

　　③今日の授業のMVPを決めましょう。

　これで授業のふりかえりを終わります。

　子どもたちは、学び方をおぼえれば、おぼえるほど伸びる。子どもたちを小さくみたらいけない。

　だから教師が授業の主役になってはいけないのである。主役は、あくまでも子ども。教師は演出家でいいのである。

〈「授業備品」No.109「授業の進め方（児童生徒司会用・佐喜浜小版）〉

407　進化型学習過程スタンダードダイジェスト

学習過程スタンダードをもとに授業を進化させていくカギは、子どもの学習活動を多彩にし、話し合い活動を増やしていくことにある。このことを念頭に、授業を設計してほしい。以下に、その具体策を示す。

1　キーワード（教科用語）の作成

授業前もしくは授業に入ってすぐに今日学ぶ場面のキーワードを個人またはペア・班等で相談して決める。キーワードは、見通しや考察時のヒントになるので大事にしたい。当初は教師側から提示してもよいが、進化型ではできるだけ子どもが決めていくようにする。キーワードは、3回旅（見通し・考察・まとめ）をする。

［学習場面：①問題提示→②気付き（問いをもつ）→］

2　教科リーダーによる気付きの発表

気付き（分かっていること・聞かれていること・単位）がある程度理解できるようになったら、個人個人が気付きを発表していく必要はないので、教科リーダーがまとめて発表をする。時間の短縮と教科リーダーの役割を高めることがねらいである。なお、この場合でもペアや班で相談した後に行うことが必要である。

［学習場面：→③課題設定→④見通し（問いの共有）→⑤自力解決→］

3　3人グループの班活動

4人組での話し合いはよく行われるが、ここでは3人組としてみよう。3人であれば、傍観する子がなく全員が気軽に話せるようになるからだ。柔軟に小集団、中集団などに分け、班同士の情報交換や考察まで行うようにする。そのために机の配置にも配慮したい。　［学習場面：→⑥集団解決→］

4　中グループでの短冊の出し合い（考察）＋班の創意の短冊を各班から2～3枚出す

①個人で付箋詩に自分の考えを書き、それをもとにペアや班活動で情報交換をする。

②その後、9～10人位の中グループでキーワードをもとに意見のグルーピングを行う。大ホワイトボードに、9人の付箋詩を貼り、KJ法で考察を行う（ゼミナール形式）。大ホワイトボードには、学習課題や黒板のキーワードと同じものが記述され貼ってあることが条件である。

③話し合いの中で、中グループの創意をピンク色の短冊2～3枚に書く。

④全員でワールドカフェを行い各自がメモを取る。班に帰り、ピンク色の付箋紙やノートの加除訂正を行う。

5　全体会での考察（中グループからの代表の短冊を使用した考察方法）

⑤の1　各班から出されたピンク色の短冊を前の黒板に集め、課題解決につながるための構造化を教科リーダーか班の代表者数名で構造化を図る。その後、教科リーダーがキーワードと関連づけ考察した内容を発表する。

⑤の2　**各班が出したピンク色の短冊を前の黒板に集め、担当者が構造化する。**その後、全員でもう一度課題を読み、構造化されたピンク色の付箋紙を見て「気付き」を全員による挙手・指名・発表形式で課題解決を行う。

6　3色マーカーによる考察

①**ホワイトボード（孫カードあり）に3色マーカーを引き、それを集結して全員で考察を行う。**

［学習場面：→⑦まとめ→⑧振り返り（＊まとめと振り返りは、一人の発表より全員による発表とする］

〈「授業備品」No.154「進化型学習過程スタンダードダイジェスト」〉

408　学習過程の重要な４ポイント

これからの授業における教師の仕事は、いかに易しく子どもたちが力を合わせて行う学び方を支援するかが問われる。内容を教え込む指導方法は過去のものだ。学習の指導方法の重要4ポイントの再確認しておこう。

1　「何を学ぶのか」につながる「めあて」の４視点

学習のめあては、新しい時代に必要な資質・能力の３観点を踏まえ、以下の４点から設定する。

①問いかけ型（学びに向う力）:「なぜ～だろうか（理由）」「どうすれば～できるだろうか（方法）」
②身に付ける知識・技能型:「～について知ろう（知識）」「～できるようになろう（技能）」
③思考・判断・表現型:「～についてまとめよう（集約）」「～を説明しよう（表現）」
④行動目標:「～ができる」と考察の２段書き

2　見通しの３視点

授業の見通しは、教科の特性に応じて、下記の３視点から立てる。
①学習内容　・この時間に何をするのか　・なぜ学ぶのか　〈キーワードの提示〉
②学習方法　・どのように学ぶのか　・答えの見通し（見つけ方）　・解き方の見通し〈キーワードの提示〉
③アイテム　・その時間に使う図形等　・その時間に使用する教材・教具

3　「対話的な学び」は２視点での練り合いで深化をさせる

（1）A方式
①黒板に子どもの意見を記した短冊やホワイトボードを貼る（教科リーダーか教師がファシリテーター）
②比較（共通点・相違点）・分類・関連づけ・統合等の観点で整理する（教科リーダーがファシリテーター）
・再度、課題を読む
③考察の開始（比較〈共通点・相違点〉・分類・関連づけ・統合等の観点）〈理由・根拠を明確に。発問で深化〉
④まとめに向かって、焦点化していく（分かりやすいのは？）（より簡単なのは？）（正確なのは？）
（2）B方式（ゼミナール方式）（進化型）
①ノートに意見を書き、短冊を書く（一人数枚）
②ゼミナール形式（10人位）でキーワードと全員の短冊で構造化する。
③ゼミの総意としての意見を新たな短冊（数枚）に記入する。
④全部のゼミで出された短冊を情報化する（教科リーダーがファシリテーター）　・再度、課題を読む
⑤考察の開始
⑥まとめに向かって、焦点化していく（「分かりやすいのは？）」「より簡単なのは？」「正確なのは？」）

4　「まとめ」と「振り返り」の違いを意識し、書き方指導を徹底する

・まとめ　：本時の学習課題に対する答え・結論
　　①**「めあて」と「まとめ」は問いと答えの関係である。**②全員が自分流の言葉で書き、共有する。
・振り返り：学びの実感・自己の変容（学習方法や学びのよさに気付く）
　　①個によって違う内容、②単なる感想ではなく、主として「工夫したこと（能力）」・「努力したこと（意欲）」

〈「授業備品」No.136「学習過程の重要な４ポイント」〉

409　事例：進化型あらお学習スタンダード

※ここでいう読解力とは、①具体から一般化する場面において、本時のまとめに欠かせない学習用語等を、根拠をもって選び出すこと。②全体で確認したキーワードを使って、まとめの文章をなるべく簡潔に書くこと

授業前に担任や授業者が決めておくこと

・３人班づくり（担任が学級でねらいも伝えた上でつくっておく）
・学習リーダーの決定（各教科ごとに）
・学習リーダーの授業前の黒板準備を各教科で約束しておく
（例：グッズを貼る、教科書のページを書くなど）

振り返り
・前時のノートなどを見て、まとめを一人ぶつぶつ読む姿

・問いを持ち、一人（ペアで）考える姿

※問いとは、子供が発す「なぜ」「おそらく」という課題意識

・問題をノートに写したら、進んで赤青などの線を引く姿
・線を引き終えたら、自席で立って３回問題を読む姿

・めあてをノートに写し、自席で立って３回読む姿
・まとめの１行目を書く姿

・手を止めて、しっかりと先生や友達の話を聞く姿
・相手意識を持ち、黒板前等で解き方などを伝えようとする姿

・解決しようと取り組み、時間内に自分の考えを持つ姿
・分かる子どもが友達に自ら教えようとする姿
・分からない子どもが自ら聞きに行き、分かろうとする姿

・ねらいに沿って、自分と友達の考えを比べようとする姿
・友達と合意形成を図り、班の考えをまとめようとする姿

・視点に沿って、自分と友達の考えを比べようとする姿
・自分と違う考えに対して、なぜそう考えたのか追究し、再度自分の考えと比べ、よりよく深めようとする姿

・めあての解決に向けて、考えを持とうとする姿
・友達と合意形成を図り、よりよい考えを練り上げようとする姿

・キーワードを自分の言葉でつなぎ、文を読み返しながらまとめようとする姿
・学習した漢字を使おうと意識する姿

・自らの学び方や学習内容を振り返り、次によりよくつなげようとする姿
・学習した漢字を使おうと意識する姿

動き（出番）		
場	教師	子ども
振	見	◎
問	◎	△
気	見	◎
め	◎ 見	◎
見	◎	△
自	見	◎
班	見	◎
友	見	◎
考	◎ 見 ◎	◎
ま	見	◎

※教師の◎は、主に黒板の前に立つ時間帯
見…机間指導で支援
※子どもの◎は、自分たちで活動を進めている状況
△…教師の指示の下、反応している状況

〈「授業備品」No.173「万田 Ver 進化型あらおベーシック」授業者版（R3.10.19 〜）〉

410　事例：あらおグッズ

算数（2年）のグッズ（黒板の掲示）である。約22種類のグッズが授業前に貼ってあった。グッズで授業の様子が見える。グッズなし授業は、子どもが主体的な授業が創れず、教師主体の授業となる。

みとおし
かだいをつかむ
ひとりまなび
ペアがくしゅう
はんがくしゅう
まなびあい１
まなびあい２
まとめ
ふりかえり

1　シラバス

2　キーワード

キーワード　ず　ことば　しき　たて　よこ　ななめ

3　気づき（問題・資料の読み取り）

分 聞  　　   ち

算数系　㊕かっていること・㊖かれていること・これまでの学習との㋠がい・㊗める方法
国語系　㊘が付いたこと・㊙えられること・㊚べたいこと・これまでの学習との㋠がい

㋩やく
㋕んたん
㋝いかく
㋻かりやすく
㋑つでも
つかえる

4　めあて

めあて

5　見通し

国語系　学習内容・学習方法

算数・数学系　解き方・図式・言葉

6　げんごわざ（授業で使う言葉）

・一人げんごわざ

してん
□で考えると・・・となりました。

・話し合いげんごわざ

かいしゃく
つまり○○ということですか。

7　一人学び

一人学び

8　学び合い

学び合い

おなじところ
ちがうところ
にているところ

9　まとめ

まとめ

10　振り返り

振り返り

きがついたこと
わかったこと
しらべてみたいこと
キーワードをつかう

■重要なポイント

1　見通し
答えの予想を立てる、前時までの学習との違い、前時に学んだことが使えそう、など、自力解決に向かう前に、何をどのように進めるかを児童と確認する活動。グーパー確認（分かったか分からないかをグーパーで意思表示）をする。

2　課題設定（めあて）
単元の計画（流れ）や本時の「付けるべき力」を活かし、できるだけ、短時間で行う。ただし、単元の学習問題づくりなど内容によっては、時間をかける場合あり（社会科・理科や生活科など）。逆に、国語など単元計画が明らかな場合は、課題を提示しておく。

〈「授業備品」No.65「荒尾グッズ」〉

411　9回以上のアクティブ

アクティブ・ラーニングの一番の魅力は、子どもたちが主体的に伸び伸びと自ら動くことである。以下に示す1時間の中でのアクティブな動き8～9回は一つの目安であり、各自で模索してほしい。なお、アクティブな動きが有効な手段となっているか、授業のねらいに即しているかを常に考えながら指導するのは当然なことである。

①「前時の振り返り」を各自が立ち、「ブツブツタイム」のアクティブ

全員が立ち、自席で前時の振り返りをつぶやくブツブツタイム

②「課題の3回読み」を各自が立ち「ブツブツタイム」のアクティブ

全員が立ち、自席で本時の課題をつぶやくブツブツタイム

③ 自力解決後の情報収集のための「ぶらぶらタイム」で歩き回るアクティブ

友達の考えを聞きに行くぶらぶらタイム。学習が苦手な子どもにとっては最高の瞬間である。また自分が考えた以外の解決方法を学級全員から情報をつかむことができるメリットがある。

④「ペア学習（4種類）」で情報交換のアクティブ

ペア学習のメリットは、気軽に意見が言え相談できる、自分の考えを確かめ自信をもてる、自分と違った考えに気付くことができる等である。隣同士以外、クロスペア、縦ペア、飛びペアなど様々な組み合わせを工夫すると、動きのあるペア学習となる。

⑤「グループ学習」で全員が「ホワイトボードに書く」、“手を出す”アクティブ

グループ学習のメリットは、自分の考えを深め、広げられる、学習が遅れがちな子どもや消極的な子どもも発言しやすく話し合いへ参加できる、子ども同士で主体的に学習することができる等だ。発言力のある一部の子どもの意見に偏らず、全員で協力して学習を進められるかがグループ学習のカギである。

[グループ学習の具体例]

①各自が本時のキーワードを参考にして、ホワイトボードに絵・図・言葉・表・グラフ・式等にまとめる、②付箋に各自の考えを書き班でグルーピングする、③各自や班全体の意見を短冊にキーワードでまとめる、④それのぞれの考えを出し合い、線でつないでいく（ウェビング法）、⑤資料にグループの考えを書き込んでいく、⑥違う点を話し合う、⑦役割を決めて話し合う、⑧グループ内で意見の違いを討論する

⑥「全員でまず意見を出し合う㊈」で教室の前か後に集合して話し合うアクティブ

[意見を出し合う話し合う方法例]

①ワークシート・ノート・ホワイトボードに書かれた各班の考えを見る、②同じ点、違っている点、似ている点に焦点を当てて比較・分類する、③互いに異なる資料について調べたり考えたりしたことを聞いて話し合う

⑦「㊢察」で教室の前か後に集合して話し合うアクティブ

[考察の方法例]

①課題を再度、確認をする、②各班のホワイトボードから出てきた短冊を使い課題解決の構造化を行う、③それぞれの考えを出し合い、線でつなぐ（ウェビング法）、④課題につながる内容の意見の集約をはかる、⑤全グループが順番に発表するだけでは深まらないので、各グループ学習の学びを全体で学びの深まりにつなげる（学習リーダー（教師も含む）の役割）

⑧「まとめ」を書き各自が立ち「ブツブツタイム」のアクティブ

主体的なまとめのために自分なりにまとめさせ、ブツブツタイムを行う。（全員が主体的）

⑨「振り返り」を書き各自が立ち「ブツブツタイム」のアクティブ

主体的な「振り返り」のためにブツブツタイムを行う。（全員が主体的）

＊子ども同士が指名をする、自然発生的に発表する、自ら進んで発表する形を追い求めたい。子どもの思考を止めないことが全員参加の授業づくりにつながる。アクティブな活動をより多く取り入れる意義もそこにある。

〈「授業備品」No.86「8回以上のアクティブ」〉

412　教科の専門性

学習スタンダードの授業になじめない教師は､決まって「教科の専門性」が深まらないことを理由にする。だが考えて欲しい。これまでの教師主体の授業で教科の専門性は高まっただろうか。教師だけが教材研究をする方法で授業内容が充実しただろうか。データとして結果を残せただろうか。こうしたことの反省に立ち、本書で示す学習スタンダードは作成されている。今回から教科の専門性（①付けるべき力、②指導計画、③本時のキーワード、④板書予定、⑤見通し、⑥考察）を高める内容をお伝えしたい。そのことが教科の専門性と捉えてもいい。

1　つけるべき力（本時のねらい）（教科の専門性①）

黒板横に掲示

新しい指導要領は、これからの社会を生き抜く力を育てることを最も力を入れている。それを受け各教科・領域にどのような力を育てるかが記述された。育成すべき３視点を中心に授業を進めて欲しいとの願いがある。これを受け止め、これまで以上に毎時間の授業でどんな力を子どもたちにつけていくかを教師のみならず子どもも意識する必要がある。そこで、**授業のねらい（本時の目標）を「見える化」するとよい。**黒板横に掲示する。併せて指導案にも掲載することで本時のねらいが教師にも子どもにも明確になる。

○学習指導案に掲載
第５学年　組　算数科学習指導略案日時　　平成　年　月　日（　）第　校時　指導者　教諭
１単元名　図形の角（図形の角を調べよう　本時 4/7）
２本時の目標（付けるべき力）「多角形」を知り多角形の内角の和の求め方を考え内角の和を求める

2　指導計画（教科の専門性②）

これまで、教科の指導計画は、学習指導案や教科の進度を確認するとき教師が使うことが多かった。学習課題の設定時や、単元を通しての問題解決学習において子どもたちにも必須なアイテムとなる。学習課題を立てにくい教科や、子どもからから出にくい場合は、この指導計画を見るとよい。学習指導案の掲載も重要だが指導計画を子どもに目に付く教室内に掲示するとよい。学習の進度を意識する子どもが出てくる。

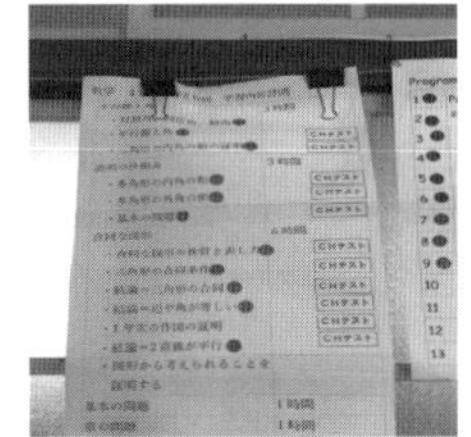

教室内に掲示

○学習指導案に掲載
５　指導計画（全６時間　本時　4/6）
１次（３時間）　順列について、落ちや重なりのないように調べる方法を考え、その方法を理解する。
２次（２時間）　組み合わせについて落ちや重なりのないように調べる方法を考えその方法を理解する。
３次（１時間）　学習内容の定着を確認し、理解を確実にする

3　本時のキーワード（教科の専門性③）

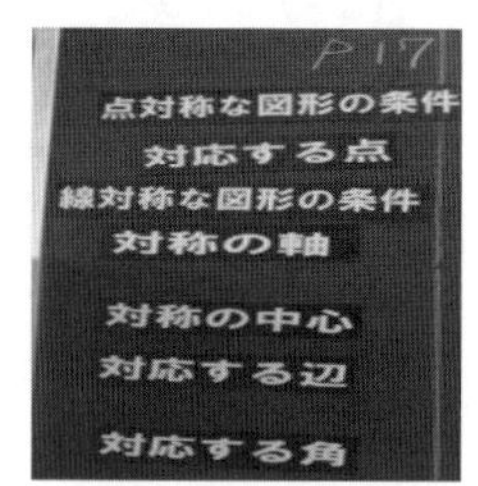

黒板の隅に掲示

子どもの学びを確かなものにするために最も重要なものの一つが「本時のキーワード（教科用語）」だ。本時のキーワードを意識させ、黒板に掲示して授業を行うと、子どもは必然的に使うようになる。専門性を高めるためには、本時のキーワードが重要なのだ。これが教材研究の中心を占めると言っても過言ではない。なお、キーワードは、未履修のことも入れておく。子どもに「気付き」を促す手立てとなる。

○学習指導案に掲載
1 本時の目標　具体的な事象の中から、反比例の関係を見いだすことができる。
2 本時の評価規準　2つの数量関係に着目し反比例の関係を見る。（見方や考え方）発表・ノート
3 本時のキーワード　「対応する」「反比例」「比例定数」「2倍、3倍……」「2分の1倍、3分の1倍……」

〈「授業備品」No.77「教科の専門性Ⅰ」＊スタンダード（ベーシック）で教科の専門性を高める〉

第５章

セルフ授業

501　教師が「教えない授業」へ

シンガポールをはじめ世界各国が、教育を知識注入型ではなく個人と社会との相互関係、自己と他者との相互関係、個人の自律性と主体性等といった人が生きる上での資質・能力の育成に切り替えている。だが、日本の授業改善はなかなか進まない。事態は深刻である。今こそ子ども主体の授業に転換すべきである。

1　校内研修での授業評価項目は本当に正しいのか？

①学習内容に対応した目標やめあてを設定している
②「なぜ」「どうして」等の子どもの思考を促し、考えたくなる言葉を発している
③子どもが理解できる言葉、速さで話し、既習事項を意識した発問をしている
④子ども一人一人に目と心を向け、個に応じた指導をしている
⑤教師が子どもの発言を整理し、まとめを写させている

上記の評価項目等は、適切なもののように見える。しかし、これらはいずれも教師側から見た授業評価である。子ども主体の授業づくりに取り組むならば、教師の指導とは何かを改めて問い直すべきである。次代に生きる子どもたちを授業で育てる責任が、教師にはある。そのためには、教師の授業評価観を変える必要がある。

2　学習指導要領の解釈を狭めていないか？

学習指導要領に「アクティブ・ラーニング」という文言はないが、「学習指導要領解説　総則編」(p.4) には「『主体的・対話的で深い学び』の実現に向けた授業改善（アクティブ・ラーニングの視点に立った授業改善）を推進することが求められる」を記されている。深い学びにつながるためのアクティブな学びを求めているのである。

また、「同解説　総則編」(p.4) には、「これまで地道に取り組まれてきた実践を否定し、全く異なる指導方法を導入しなければならないと捉える必要はない」との記述がある。そのため相変わらず教師がこれまでと変わらず、「教える」ことから離れられない授業を見る。教師が教えまくる授業に慣れた子どもたちは、語彙も減り、思考力も身に付かず、教師の望む答えを探す受動的な姿勢が身に付いていってしまう。こうなると、「これまで地道に取り組んできた実践」も問われよう。学習指導要領を都合よく解釈することは厳に慎まなければならない。

3　教師がいなくてもよい授業か？

これまで学習過程スタンダードを日本中にご紹介してきた。教科横断型に使える授業のプロセスとして、各地で取り組まれてきたが、それを決まった“型”として批判されることもある。しかし、**学習過程スタンダードにより、子ども自身が学び方や授業の成り行きを理解し、自ら授業に参画していく姿を見れば、これが主体的・協働的な学びの土台となっていることが理解される**と思う。

これは現在、大きな進化を遂げている。子どもたちが「教師を頼らずに学ぶ」ことができてきたことだ。**教師が「教えない授業」によって自分たちで学ぶようになった**のだ。学び方を知ることで学力も上がる。身に付けさせる学力から子ども自らが獲得していく学力だ。それこそが学習指導要領が求める資質・能力につながる力となる。

この究極が「セルフ授業」と私たちが呼ぶ授業スタイルである。子どもたちが学び方を一つ一つ覚え、自分たちのサイクルで授業を回す。これまで教師が行ってきた板書や授業準備等も子どもたちが行う。まさしく、自分たちの学習を自分たちで行う授業だ。教師は、子ども一人ひとりをみとり、学びを想定し、授業を構想する力が求められる。**ファシリテーターとしての専門性が養われていく。**「セルフ授業」は、真に子ども主体の授業づくりに向かう入り口となるのである。本章では、「セルフ授業」の具体的な取り組み方を紹介する。

〈「授業備品」No.145「教師がいなくてもよい授業へ」〉

502　セルフ授業（セルフラーニング）

これまでの授業にありがちな、教師がいつも大声を出し知識を習得させる授業や、その教師が自己の指導に酔うような授業をまだ見る。「教える論理」から抜け切れていないのだ。そのため子どもたちは、教師依存型の学びに慣れ、授業へ能動的に参加できていない。この解決方法が初期の学習過程スタンダード、進化した学習過程スタンダード、セルフ授業、教科の見方・考え方を追究する授業等だと思う。学び方のスタンダードの初期の段階ではいわゆる型はあるが、子どもたちが学び方を学ぶと型がよい方向に崩れ、やがて本物の学び方を身に付ける。その究極のスタイルがセルフ授業（セルフラーニング）だ。

「初期の学習過程スタンダード」は、①前時の振り返り、②問題（資料）の提示、③気付き、④学習課題の設定、⑤見通し、⑥自力解決可否の確認、⑦まとめの書き出し、⑧自力解決、⑨集団解決ペア学習、⑩班学習、⑪学び合い１（考えの出し合い）、⑫学び合い２（考察）、⑬教師の修正、⑭まとめ、⑮振り返り等である。

「進化型学習過程スタンダード」は、初期の⑨集団解決ペア学習、⑩班学習、⑪学び合い１（考えの出し合い）、⑫学び合い２（考察）等を10人程度のゼミナール形式で一括で行う方法である。まとめや振り返りもゼミナール形式で行う場合がある。学級全体で学びを深めると、必ず「見ているだけの子」が出る。ゼミナール形式は、少人数で話し合いを進めるのでどの子も安心して発言をする。

「セルフ授業」は、自学や自習学習のような授業ではない。学び方を身に付けた子どもたちが学級集団で学習過程に沿って学習課題を問題解決的に追究していく学習である。セルフ授業の究極の目的は、教師を頼らず子どもたち自身で課題解決を図ることにある。子どもたち全員が初期や進化した学習過程スタンダードをマスターした上で、文字通り「教師抜きの授業」を行う。学習リーダーが学習過程スタンダードで学んだ経験を活かし授業を進行する。

既に進化したスタンダードやセルフ授業を行っている教師は、必要な時にのみ発言するので、子どもたちは教師が居るか居ないかはほとんど気にしない。このセルフ授業がまだできない学級は、教師が学習リーダーの子どもに進行の助言をする（「Tサイレント授業」）。いずれも教師が「しゃべらない」が条件だ。子どもたちはこの学びの方法に慣れるのにしたがってとても学びに自信をもつようになっている。

セルフ授業の支えになっているのが、学習過程スタンダードだが、それ以外に「学級づくり」がある。学級づくりは、セルフ授業を進める基盤の一つだ。「学級」は子どもたちにとって生活の場である。また、学びの場でもある。学級には基本的なルールが必要であり、安心して学べる人間関係が構築されていなければならない。子ども一人一人に「居心地のよい学級」をつくり、個々の力が十分に発揮できるようにするためには、日ごろから子ども同士が高め合えるような集団にしておく必要がある。

授業の４層構造（p.26参照）が理解され、実践されていれば、小学１年生でも４月早々にセルフ授業ができることが、すでにいくつかの学校現場で実証されている。

503 「セルフ授業」の意義と手法

1 セルフ授業とは何か

教師の一方通行型授業（教師の教え込み）や一問一答型授業ではなく、子ども同士が交流をする授業（アクティブ・ラーニング）で、特に教師抜きの授業を「セルフ授業」と称している。

セルフ授業を始めたきっかけは、２つある。第１に、高知県で経験した複式学級にヒントを得て、教師がいない場面で子ども同士の学び合いができるのではないかと考えたこと、第２に、他学級の研究授業を教師が参観するときに**自習となる学級でも学び合いの授業ができないか**と考えたことである。

取り組んでみると、予想しなかったことが起きた。教師が指示して進めていく授業よりも、子どもの思考が深まったこと、子どもが生き生きと主体的に授業に参加してきたこと、そして子どもたちにとって居心地の良い環境にもなってきたことだ。また、セルフ授業の経験を積んで、子どもたちの学力も向上してきた。さらには、子どもを信じ、授業を子どもに委ねる姿勢が教師たちに定着し、教材研究も深まってきたことだ。

もちろん、こうしたことは、いきなりできることではない。子どもたちが、これまで教師が行ってきた板書や授業準備等を担当しながら、学び方を一つ一つ覚え、自分たちのサイクルで授業ができるようになるには時間がかかる。しかし、経験を積めば、「セルフ授業」はできるものである。現在では、毎月全校一斉に「セルフ授業大会」を行っている学校も出てきた。

2 セルフ授業の意義

子どもたちが自ら授業を進めるので、まず、子どもの主体性が育つことは間違いない。「教師を頼らない」と言う子どもが出てきたら本物だ。次に教師のこれまでの授業観が変わる。教師自身が子ども時代に受けてきた授業をコピーする傾向があるが、その授業では教師は変われない。セルフ授業では教師が変われる。

さらにスーパーティーチャーは必要ではなく、全教師が学習過程スタンダードを身に付けることで授業力が上がる。子どもたちは、クラス担任や教科の担当が替わっても、同じ授業方法を学んできているので戸惑いはない。また、学習の苦手な子も進んで学習に参加するようになる。セルフ授業は、子ども同士で教え教えられたりする学習であるからだ。

学力が向上することも確かだ。教師がいなくなるセルフ授業でも同じようにノートやタブレットを使って自分で考え、自分のペースで考えを確実に書いていく。これが学力の向上につながっている。

授業の４層構造とセルフ授業

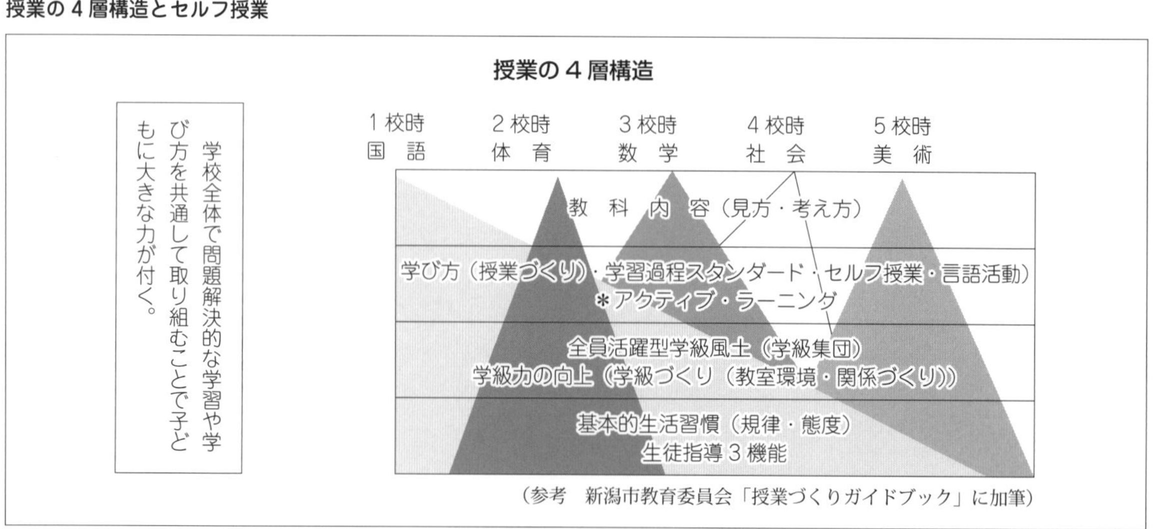

質の高い授業は、子どもの基本的生活習慣とよい学級風土を土台にして実現される。その上で学習過程スタンダードをもとに、学び方を身に付けてアクティブ・ラーニングに取り組むことによって、セルフ授業が可能となる。とりあえずは一斉講義型授業からアクティブ・ラーニングに変えるところから始めるとよい。前頁の図のように授業は、毎時間、学習する内容は教科により違う。だが、**学び方の指導（学習方法）や全員活躍型学級風土づくり（学級集団）や基本的生活習慣の育成（規律・態度）等は重なっている。**重なる面の学習過程スタンダードによる授業、学級力の向上、生徒指導の工夫等は、全ての教師が強く意識することが重要である。なお「学び方」の指導は、段階があるので注意して指導をする必要がある。

学び方の４階段

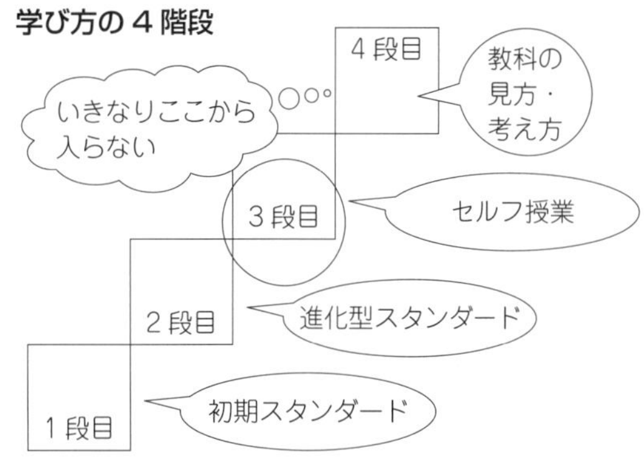

授業の４層構造のうち、さらに「学び方」の４階段を紹介する。まず教科内容の指導を行う前に学び方を指導することが重要だ。**学習過程スタンダードは「型」ではない。**学び方が進化していくからだ。まず、子どもたちは初期（基本）の**学習過程スタンダードの授業スタイルを学ぶ。**その学び方を身に付けると**次に進化型スタンダードを学ぶ。**この段階で子どもたちは「教師を頼らず自分たちで学ぶ」方法を身に付ける。ここまできたらほぼ学び方の完成だ。これで**「セルフ授業」が可能**となる。

なお、セルフ授業が難しい場合は、高知県佐喜浜小学校が「Ｔサイレント授業」と呼ぶ取組みを参考にされたい。授業では課題からそれてしまったり、止まったりしてしまう場合がある。この時どう対応するのかについて、事前にそのリスクを予想し、子どもたちだけで乗り越えていく対応の手順を示しておく。セルフ授業を進める「教科リーダー（司会者）」にだけ、教師が助言をする。その教科リーダーは、事前に授業の予習をしてくる。こうした手順を踏み、セルフ授業に入る。これがセルフ授業の前の「Ｔサイレント授業」だ。

●セルフ授業で子どもは変わる（高知県室戸市立佐喜浜小学校）

セルフ授業を行うのは、子どもたちが自分たちの学び方の向上と学力（思考力・表現力・判断力）向上、そして副産物的に得られる仲間意識や達成感などを得るためである。そこには「見てもらうために」という意図はほとんどない。でも見てもらえる時には、子どもたちはスポーツの試合に出ているような「ワクワク感ドキドキ感」を感じている。だから「セルフ授業」を公開授業にする場合に、高知県越知小学校や浦戸小学校のような「セルフ授業大会」という「大会」をつけた開催となっている。

学習をする時に、子どもたちが常にワクワク感ドキドキ感を感じることができる時は、そんなにない。また、学び合い「考察」がしっかりできる道のりは、そんなに簡単ではない。そのような中で学習過程スタンダード実践校の子どもたちはなぜセルフ授業をいやがらずにどちらかと言えば喜んで行おうとするのか。その理由を考えてみた。子どもが夢中になる６か条というもので、おもに体育・運動遊びについて書かれたものであるがセルフ授業にもあてはまる項目が多くあることに気づく。

セルフ授業がうまくできたら、先生にも褒められる。また、セルフ授業の基本は、肯定的評価であるから、授業中に認め合う場面は多い。４の項目については、セルフ授業には、勝負がありそうではないが、子どもたちは、「みんなが考えてみんながわかったら勝負に勝った」という感覚を持っている。だから「大会」というネーミングにも違和感を持っていない。６の「考え、創造できる」これこそ、学習過程スタンダード授業が求めている真髄である。一番難しいのが１であろう。

以上、子どもたちがセルフ授業に前向きに向かう理由がおおよそつかめていただけたのではないだろうか。セルフ授業は、「子どもたちのものである」ということを卒直に感じさせてくれるし、それが教師の「働き方改革」にも確実につながる。

子どもが夢中になる６か条
1　できるようになる
2　次々と挑戦する課題がある
3　認められる
4　勝負の楽しさを感じる
5　良好な仲間関係
6　考え、創造できる

〈「授業備品」No.185「子どもが自ら創るセルフ授業」〉

504　事例：進化型授業スタンダードへ

1　初期スタンダードから進化型スタンダードに進む簡単な方法【高知県佐喜浜小レポート】

初期スタンダードに沿った授業展開は行っているが、教師主体型の授業になっている時、どのようなアドバイスでその壁を乗り越えていくのかについて、こだわって考えてみた。

流れは踏んでいるのに、初期スタンダードから進めない主な理由としては、次の5点が考えられる。

(1) 一問一答式から抜け出せない

解決方法　①　発言後に一言加える
「〜と思います。」「〜です。」の後に
「いかがでしょうか。」「どうでしょうか。」「分かりましたか。」
②　①につづいて、分かった人も分からなかった人も全員挙手。
分かった人「○○さんの発言で、〜ということが分かりました。」
半分分かった人「○○さんの発言で、〜は分かりましたが、・・・はよく分からなかったです。もう少し聞きたいです。」
分からなかった人「○○さんの発言の・・の所がよく分かりませんでした。」
※これを約束させるとわりとつながっていきます。「ありがとうございました。」でしめくくり。

(2) ホワイトボードはいつも同じ子が書く（班活動）

班活動やホワイトボードを使用する場言、いつも決まって同じ子が書く。全員活躍型の班活動ではない。

解決方法　①　これまでの一部の子どもの意見に流され、その意見がグループの意見とされることを防げる。この一部の意見を使い授業する教師に、「それは間違いだ」と気付かせることができる。
②　思考ツールがないと、子ども同士のお互いの意見が見えない。自分の意見が言いづらい

個々の考えを記入

グループでまとめた考えを記入

③　話し合う活動に「ボックスシート」を活用する。
④　全員が書くことで個々の考えが引き出される。
⑤　友達と同じ考えでも書く。
⑥　様々な考えをつなぎ合わせ一つの考えにまとめる
⑦　ボックスチャートにみんなの考えが一つにまとまる
⑧　各「ボックスチャート」を掲示し、違いを見る
⑨　出来たものから掲示すると、他の子が影響する。
⑩　自分たちの考えがないことに気付き考えを広げる。

(3) ホワイトボードの書いた後の考察が教師主導になる

解決方法　①　できれば3人の小グループでWBを提示し合い、話し合わせる。
・4人以上だと話をしない人がいても話し合いが成り立ってしまう。
・3人だと、みんなで話し合うことができる。
・少人数で話し合っているので、自分の考えがまとまり、意見を出しやすい。
②　机の移動
・日常的にすぐに話し合いができるように3人組を決めておく。

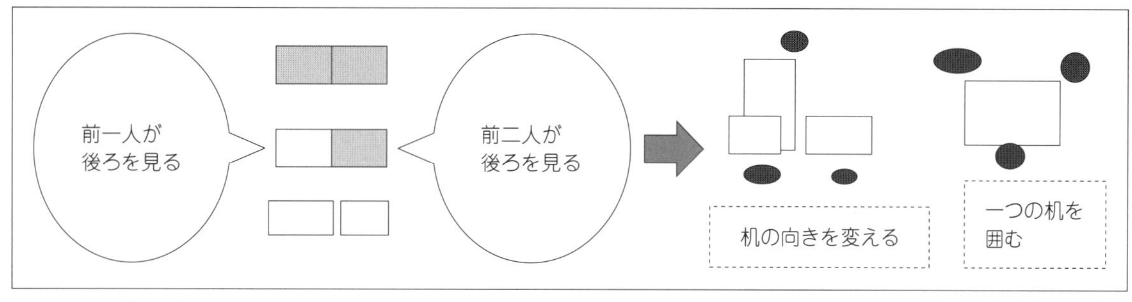

③ 共通項をまとめる⇒ネーミングを行う⇒少数意見の検証を行う。
④ 各自が発表練習をする。
※ この手順であれば、教師が関わらなくてもほぼ子どもが進められる。
※ 考察段階では、挙手⇒指名⇒発表⇒つなぐにこだわらない。
※ 子どものつぶやきをメインに考えを深めていく。
※ この時、乱暴な言葉づかいや気配りのない発言にはきちんと指導を入れる。

(4) 考察（全体での深め合い）が教師主導になる

解決方法 ① 各小グループの考えを、黒板に提示し、みんなで見合う。（プレゼンのような発表はしない）
② 良いところを評価し合う。分からない所を質問し合う。
③ 教科リーダーが中心になって、修正を入れていく。
④ 解決できなかった所を黒板に必ず書く。⇒教師の修正ポイントになる。

(5) まとめを教師が板書してしまう

解決方法 ① リード文につなげ、キーワード（教科用語）を入れて、自分で書かせる。
② 不安な場合は、教師が書かせたいまとめをコピーしておいて、授業後にノートに添付。

(6) どうしても指導を入れたくなる

解決方法 ① 初期スタンダードから、早めにセルフレッスン（T－サイレントレッスン）にチャレンジ。
② 先進校視察を早めに行う。そして進化型スタンダードに再チャレンジする。

子どもたちに行ってきた手順を記した。体がアクティブになると脳もアクティブになるということだ。授業には動きも取り入れたい。45分～50分間、ずっと椅子に静かに座らされている子どものことを考えてあげてほしい。発表はわかる子だけ、積極性のある子中心という授業から卒業してほしい。みんなで子ども主体、全員参加型の授業を目指すとよい。

(7) 黒板の前から離れられない

解決方法 ① 最初の10分は、子どもの席に座る。
② できるだけ後ろから見る。

教師主体の授業の象徴は、黒板の前から離れられない。子どもが言いたいことを教師が代弁してしまうことだ。この状態が続くと、教師はしゃべりっぱなし、子どもは教師を頼るようになる。教師の「教えたい」が先行すると子どもは育たない。まず、授業前にⓜ（めあて）、ⓕ（振り返り）などの授業グッズを子どもに貼らせるとよい。前時の振り返りから課題設定まで子どもの席に座れれば立派だ。その分、子どもを育てなくてはならない。板書も学習リーダーにさせるようにするとよい。授業を後ろから見るようになれば、教師を頼らず自分たちで学ぼうとする。中高等学校ではぜひ試していただきたい。

〈「授業備品」No.146「進化型授業スタンダードへ」（高知県佐喜浜小レポート）〉

実践レポート

「セルフ授業」で子どもの主体性を引き出す授業づくりに挑戦

神奈川県横須賀市立長沢中学校

Lead

子どもが自力で進める「セルフ授業」に取り組んでいる横須賀市立長沢中学校。教師が黒子に徹し、司会役となる「学習リーダー」を中心に、子どもたち自身で主体的・協働的に学ぶ試みだ。学力向上とともに自己有用感の醸成にも効果が表れているという同校の実践を紹介する。

「生徒」による主体的・対話的で深い学び

10月21日、横須賀市立長沢中学校で、「『生徒』が主体的・対話的で深い学びに取り組む授業づくり」をテーマに研究発表会が行われた。「セルフ授業」と称する、子どもたちが自力で授業を進めていく取組が披露された。

３年国語では「よい俳句ってどんな俳句？」を課題に、作品の音読、比較鑑賞、俳句大賞の選定などを行った。司会役の生徒の指示で、ペアや班で意見を交わし、他の班に行って様々な意見を聞いたりする「ぶらぶらタイム」や、ホワイトボードで班で出た意見を分類したり、他の班との相違や共通点を見出しながら、自分や班の考えを深め、まとめていく活動などが展開された。

３年英語では「外国人向けに、長沢中の避難所の提示物を見直そう」という課題で、避難所、救護室、炊き出し場所などの班に分かれて、外国人にも分かる掲示を英語を用いて考えた。授業中はほぼ英語だけ。教師はもちろん、司会役の生徒も英語で指示を出して授業が進む。アイコンを使うアイデアを出した班には「Nice idea!」などの声が聞こえた。

２・３年合同授業の数学は「四角形の辺の中点を順に結ぶとどんな図形になるだろう？」が課題。班ごとに分かれ、ホワイトボードに様々なシミュレーションをしたり、仮説を立てたりしながら、課題追究が協働的に行われた。大人数を仕切る司会役の生徒は、班の間を縫って学習の進み具合をチェックしながら、授業を進めていた。

司会役（学習リーダー、奥）が授業を進行

協働して幾何の証明に挑戦

これらの授業を見て参観者が驚いたのは、全員が主体的に授業に参加していること、そして考える時間の多さだ。旧来の中学校の授業イメージとは違う、子どもが主役の授業が展開されていたのである。

この取組を通し、学力はもとより、学習意欲の向上や自己有用感などにもよい効果が表れているという。

子どもが自力で進める「セルフ授業」

長沢中が取り組むセルフ授業とは、教師が黒子となり、主に子どもたちだけで進めていく授業のことで、現在、高知・熊本・沖縄など多くの学校現場で広がりを見せている。

学習過程をスタンダード化し、どの学年、どの教科でもある程度同じスタイルで授業を進めていくことを土台に、ハンドサインなど学習ルールを決めた上で、子どもたちが自力で授業を進められるようにしたもの。かつて東京都東村山市立大岱小学校で西留安雄校長（当時）が取り組んだ子ども主体の授業づくりが飛躍的な学力向上をもたらしたことから全国から注目され、子どもに任せる「教えない授業」として進化し広まっている取組だ。

他の班の考えを見に行く「ぶらぶらタイム」

長沢中がスタンダードとしている学習過程は、①前時の振り返り、②本時の課題と見通し、③学び合い、④課題のまとめ、⑤振り返り、といった流れで構成され、子どもたちにもそれが了解されて授業が進む。本時におけるキーワードを予め示して考える方向性を示したり、「分かった」「分からない」を「グーパー」で意思表示したりしながら、子どもたちが学びの方向性を共有しながら協働的に学んでいく。

それぞれの教科における授業の学び方を身に付け、授業の流れを理解して、子どもたちは自力で主体的・対話的で深い学びに取り組んでいく、その究極が、教師が黒子に徹したセルフ授業だ。

授業のキーマンとなる学習リーダー

授業の進行役となるのが、学習リーダーだ。教科ごとに学習リーダーが決められており、「司会原稿」と呼ぶ“台本”をもとに授業を進めていく。

授業の司会、発問、指名などのほか、子どもたち同士で学び合う場面では、机間指導などを行い、全体の進み具合のチェックもする。時には教師に支持を仰いだり、「ここは先生に説明してもらいましょう」など、教師の出番も作ったりする。この学習リーダーがキーマンとなって、授業全般を進められるようになるとセルフ授業となる。

単元や本時など、折々に授業のプランや流れを子どもたちに提示し、授業のポイントを理解した学習リーダーが進行を務める。子ども主体の授業はこのように、子どもが授業の見通しをもっていることで成り立っているのだ。

教師の出番がないか少なくなれば、教師は題材や教材の見立て、授業の見通し、子どもたち

班を見回って進捗をチェックする学習リーダー

の学びの様子などを深く想定する必要があり、知識を注入する授業よりも、より深い授業への洞察が求められてくる。授業の見立てをもとに、前時の終わりなどに学習リーダーと次の授業についての打ち合わせを行い、学習リーダーは授業の流れやポイントを把握して次時に臨むのが長沢中では一般的だ。

もちろん、すべての授業をセルフ授業で進めていくわけではない。基礎的な知識は教え、探究する場面で行ったり、単元のまとめ時や単元内のクライマックスとなる時間などに行うことが多いとのことだが、あえて基礎知識を得る場面でも、協働的に調べ学習を行う活動として実施したりする。教師が適時適切と思う場面でセルフ授業が行われるとのことだ。

「経験を積めば、子どもがどんどん主体的になっていきます。セルフ授業で授業中の子どもの姿ががらっと変わりました。発言の数が飛躍的に増えたのです」（岸上教諭）

戸惑いから自信へ

長沢中がこの実践研究に取り組んだのは３年前。横須賀市教育委員会の研究委託を受け、新学習指導要領に焦点を合わせた研究としてスタートした。当初から各教科で学習過程をある程度統一した「スタンダード」を開発、子ども主体の授業づくりに取り組むことになった。

当初は戸惑う教師も多かったという。

「教えたい」、しかし子ども主体の授業研究も進めたい―。

岸上教諭自身も葛藤はあったが、５月に東京で同じ実践に取り組んでいる小学校を視察したことで衝撃を受ける。小学１年生が入学間もないにもかかわらず、児童の司会で進む授業が行われていた。「小学生でこんな授業ができるなら」。岸上教諭は、１年生を受け持つことになったことを契機に思い切ってこの新しい授業づくりに取り組み、「見せて説く」ことで、子ども主体の授業の意義を説いて回った。強制はせず、スモールステップで浸透させていくことを目指したという。若手教師も増え、岸上教諭に続く者も増える。

０　二分前着席
教科書p.202-205の大事なところを「赤」と「黄」で線
教科リーダー：「課題」と「まとめ」を板書し、「見通し（キーワード）」をマグネットシートに書いて貼り付けておく。
（チャイムが鳴ったら）
１　号令→「まとめ」を一回読んで、「ふりかえり」を近くの人一人に発表。
２　今日の課題：「第一次世界大戦の世界はどのように変わったのだろう」
一度声に出して読む。
３　今日のキーワードは
ベルサイユ条約／民族自決／国際連盟／世界経済の中心／ワシントン会議／ワイマール憲法／二十一か条の要求／五・四運動／三・一独立運動／ガンディー　以上10個
４（20分）
第一次世界大戦後の世界はどのように変わったのか、「ヨーロッパ」「アジア」の２つの視点でjamboardにまとめる。
・１班～４班は「第一次世界大戦後のヨーロッパ」について
・５班～８班は「第一次世界大戦後のアジア」について
→※キーワードを用いて教科書の言葉を使ってよい
※わからないところは、グループを超えて聞いてもよい
教科リーダーはタイムキーパーをやって、延長したい場合は延長してもOK（５分まで）
５　発表（10分）（３分×２）
・１班→５班へ、２班→６班へ、３班→７班へ、４班→８班へ「２人ずつ」行き、発表。
聞いている人はノートにメモをとる。
・３分後、発表を交代する。
６　まとめ（５分）
「第一次世界大戦の世界はどのように変わったのだろう」について、下の文章にしたがってノートに記入。

図　３年生社会科　司会原稿

旧来の教える授業を信条としていたベテラン教師が、学び合いのためのワークシートを作るようにもなった。長沢中の授業改革は教師たちの協働性も育んでいく。職員室は世代を越えて授業のアイデアを出し合ったり、子どもたちの様子を話し合う自然発生的なサロンとなっていった。

授業の流れを子どもたちに提示することで、子どもたち自身も授業の見通しがもてるようになり、授業に積極的に参加する姿が見えるようになっていった。積極性を身に付けた子どもたちは委員会活動も主体的に取り組むようになったという。

「学習指導要領の趣旨を踏まえれば、『教える』ことから『子どもに気づかせる』こと、それも子ども同士の関わりの中で気づきが生まれることがとても大事だと思うのです。その意味で、この取組には意義がある」と星野校長は言う。

研究４年目。今年度は「教科の特性を生かしたセルフ授業の追究」を研究主題に掲げ、本格的にセルフ授業に取り組むまでになっていったのである。

自立した子どもを育てる実践を目指す

「子どもが授業に臨む姿勢が大きく変わりました」と言うのは岸上教諭。一方的に教えられる授業から子どもたち自身で授業を創る経験が、主体性や創造性を養っているとのこと。

実際に、全国学力・学習状況調査からは、無回答が減り、平均値のポイントも上昇しただけでなく、質問紙調査からは学習意欲の向上が見えたり、自己有用感や学ぶことの意義を実感する子どもたちが増えたという。「学習過程をスタンダード化したり、教師たちが同じ方向性で協働することができたことも要因」とのこと。

星野校長は、「子どもの自己有用感が高まったことは中学校としては大きい。子ども同士の人間関係も良好です。セルフ授業は、学力づくりや生徒指導にも効果があると感じています」と成果を語った。

研究から４年。今後はどのような展開を考えているのか。

岸上教諭は、「とにかくレベルアップ。子どもたちが『先生がいない方が授業が進むなあ』と思えるくらいにしていきたい。そのためにはさらにステップアップしていく必要があると思っています。教師たちも子どもたちもこの授業の経験を積むことで、主体的で協働的な学びを実現させていきたいと考えています」と語った。

「セルフ授業は、授業の構想や見通し、生徒理解など、教師が深く考えてこそ実現できる実践。授業づくりを磨き上げることが必要です。その先に子どもたち自身が授業を組めるようになる。この取組を通して、子ども自身が学びを深め、『私たちはこんな学校をつくりたい』と言うくらいに自立してくれることを願っています」と星野校長は言う。

長沢中の取組は、セルフ授業を通して自立した子どもを育てる試みでもあるようだ。子どもが主役となって主体的・対話的で深い学びを目指す長沢中の挑戦は見通しの開けた道中であるといえよう。

友達関係のよさが話し合いを活発に

505　事例：全校セルフ授業大会

セルフ授業の実践について、先進的に取り組む学校の一つ、高知県U小学校の事例を以下に紹介する。

本校は、児童の「主体的・対話的で深い学び」を実現する授業を目指して日々授業実践に取り組んでいる。これからの教員の役割は「教える人」ではなく、学びを「コーディネートする人」へと変わると言われている。変わるべきは私たち教師である。そこで考えたのが「全校セルフ授業大会」である。セルフ授業とは、子どもたちだけで課題解決を図る授業のことである。そして、全校一斉に実施し互いの成果を評価し合う場を設けて「大会」とした。教員が手を出さない状況で子どもたち自身が学び合っていく時間である。

本校では、月に１回校内授業研修日の午後に「セルフ授業大会」を実施している。普段の授業以上に、生き生きと学び合う子どもたちの姿に、私たち大人が学ばせてもらっている。本校の「セルフ授業大会」の概略を説明する。

（1）セルフ授業の持ち方

担任は、授業前に教科リーダーに学習課題を知らせる。高学年は学習課題だけの場合が多いが、低学年には必要なキーワードやアイテムも担任が準備している。

授業を子どもたちに任せるために、担任は課題を渡すと教室を出る。自分の学級には終了まで顔を出さないことが鉄則である。かわりに他学年の授業を観察する。子どもたちがどう課題に迫ろうとしているのか、同僚が日頃どのような指導をしているのかを子どもの姿から学ぶ。

子どもたちは、毎日の授業で身に付けてきた学び方を使って話し合いながら学びを進めていく。自分たちだけでも学び合うことができた経験は、その後の日々の授業の取り組み方にも良い変化をもたらしている。

（2）授業後の「板書・ノート見学」

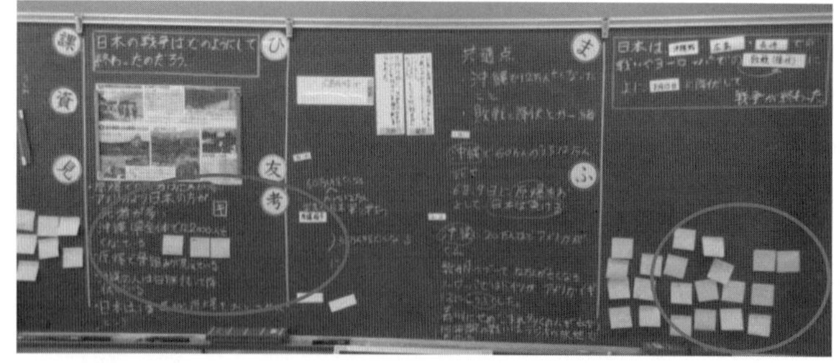

授業終了後10分間、全校でお互いの板書とノートを見学し合う。板書からは、「まとめや振返りまで学習が進められているか」「意見を出し合って考察できているか」を、ノートからは、「自分の考えや友達の考えを書けているか」「自分のことばでまとめられているか」といった視点を持って見学する。そして、個々が「良かったこと」「直したらよいこと」の２つの視点での気付きを書いた付箋を黒板に貼る。

もらった感想は、「子ども事後研」後に、子どもたちが内容ごとに分類し、自分たちの授業を振返る資料とする。分類したものは、廊下に掲示し全員で共有できるようにすることで、次の授業に生かしている。

（3）子ども事後研

板書・ノート見学が終わると、全員で今日の授業についての振返りをする「子ども事後研」を上級生の司会で15分間行う。自分たちのセルフ授業の「良かったところ」「次がんばるところ」「他学年の見習いたいところ」について意見を出し合い、話し合う。

学年に関わりなく、互いの良さを認め合うことができる場である。また、時間が許すときは、教員も感想を述べる。担任以外からの評価は子どもたちにとってとても励みになるようである。

(4) おわりに

最初の「セルフ授業大会」事後研で、子どもたちから「先生がいなかったので授業がスムーズに進みました。」という意見が出された。私たちは、セルフ授業での子どもたちの生き生きとした姿とこの言葉を重ね合わせて、指導していると思っていた自分たちの行動が子ども達の壁になっていることを自覚することができた。

学び方を身に付けていれば1年生でもセルフ授業は可能である。そして、全校で取り組むことによって、子どもも大人も、同じ学び方で学び合っているからこそ得られる一体感を持ち、切磋琢磨する土壌が整えられてきたようにも思う。「自分たちで学べる」実感は子どもたちの大きな自信となっている。

U小では、わずか2年余りで子どもたちの言語活動と学力が確実に向上した。子どもたちが学び方を身につけた結果だ。「もっとやりたい」という子どもたちの声が聞こえ、セルフ授業も上達してきている。セルフ授業が育む力は、次代に生かす資質・能力として生かされていくであろう。

〈「授業備品」No.97「全校セルフ授業大会」〉

506　事例："セルフレッスン"にチャレンジ

セルフレッスンをすすめていると、授業の方向が課題からそれてしまったり、分からなくなって授業が止まったりしてしまう場合がある。この時どう対応するのかについて、事前にそのリスクを予想し、子どもたちで乗り越えていく対応の手順を示しておく必要がある。「まあ、やってみて、うまくいかなかったら、それからまた考えよう。」というのもあり得るかもしれないが、「時は金なり」である。あえてむだな時間を過ごさせるより、それを乗り越える道を示してあげて、その上の階段「教科の専門性」(p.49) に早く進むことが大事である。

私の学校（佐喜浜小）では、全校が「セルフレッスン」にチャレンジするまで、1年9か月の日数を要した。進化型スタンダードで停滞したことが1番の要因であった。授業が予定通りに進まなくなると、どうしても教師がそこに入りたくなってしまうのである。それは常に正解を求め、伝えていきたい教師の性かもしれない。時間や業務に追われてしまい、余裕を持てないことがそうさせるのかもしれない。そこで、進化型スタンダードが不十分であるのを承知の上に、教師の指導を除いた、T－サイレントレッスンやセルフレッスンに向けて見切り発車をした。先生方も理解を示し、協力体制をとってくれた。やるからには、うまく進めたい、そう思うのが自然である。そのためには、何が大事なのかについて事前に話し合い、それを下記の「佐喜浜小セルフレッスン成功への道」として、共通理解し、セルフレッスンに向かうことにした。

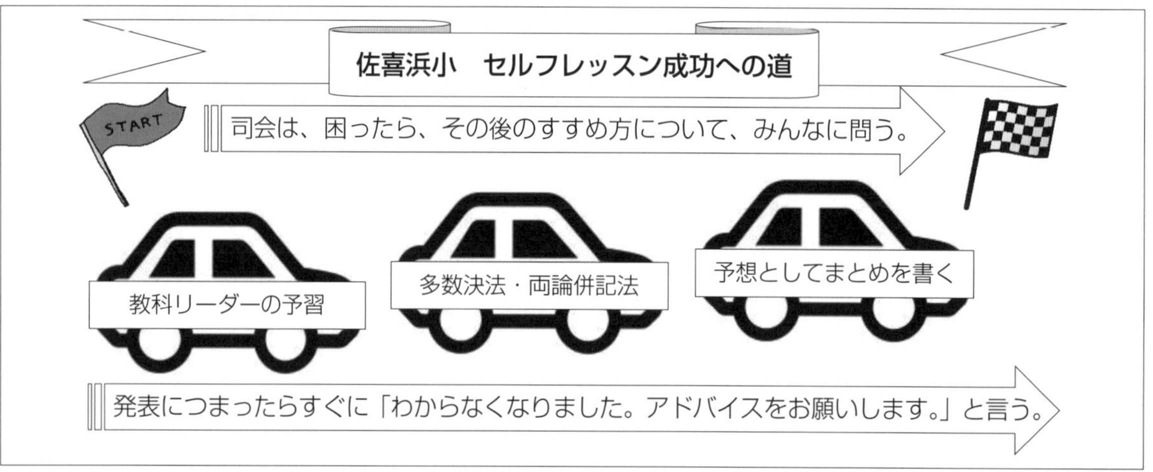

①教科リーダーの予習

セルフレッスンを仕切る教科リーダーの予習は欠かせない。教科リーダーが担任教師の役目ができるほど、しっかり予習をしてくれており、しかもみんなの考えを引き出すような司会力を備えておれば、これ以上の専科教員はいない。「教科リーダーがもう1人の先生に」これは、複式学級の課題解消にも直接つながる。また、担任は、子どもたちの学習の様子を広く見えるし、つまずきに的確なアドバイスを与えられるから、授業がスムーズに流れる可能性が高まる。予習は、教科リーダー以外の子にも勧めていきたい。

②多数決法・両論併記法

いろいろな考えが出て、まとめにつなげにくい場合や、少数意見が多くあり、まとめに時間がかかる場合は、多数の意見をそのまままとめにしてもよいということを、決めておくとよい。その際、少数意見の中でこれ大事と感じたことを、ふりかえりで触れるように事前に伝えておく。2つの意見に分かれた場合は、両方ともまとめに記載してもよいことも確認しておく。

③予想としてまとめを書く

タイムリミットが来ても答えが分からなかった場合は、まとめを【予想】という形で書いてもらう。そして、ふりかえりに、なぜまとめが予想になったのかについて、書くことを伝えておく。

〈「授業備品」No.139「セルフレッスンの成功への道」高知県佐喜浜小レポート〉

第 6 章

見通し

601　再度の見通し

授業のスタートに当たっては本時の学びを見通すことが欠かせない。そして、学びの見通しには以下のようなプロセスがある。

問題（資料）→気づき（問いをもつ）→課題の設定→見通し→自力解決→集団解決（考察）→まとめ→振り返り

見通しには、「学習内容・学習方法・本時のキーワード」の３視点が中心となる。これはすべての教科に共通する。以下に、各教科における見通しの持ち方を例示する。

１　国　語

(1) どうぶつの赤ちゃん　１年

学　習　活　動　※☑をする
☑４　課題の解決方法、おおよその答えの見通しを立てる。 ☑内容（ライオンとしまうまの赤ちゃんのちがところを見つける。） ☑方法（しまうまの赤ちゃんの様子に線を引く。みじかいことばでひょうにまとめる。） ☑５　グーパーで課題解決の見通しが立つかを確認する。 ☑キーワードの確認、□アイテムの確認 ☑言語わざの確認（キーワードを使う）

〈見通しの３視点〉

①学習内容　　ライオンとしまうまの赤ちゃんのちがうところを見つける。

②学習方法　　しまうまの赤ちゃんの様子に線を引く。短いことばで表にまとめる。

③キーワード　ライオン、しまうま、じかん、おちち、えさ

＊国語の気づきは、前時までの学習の流れが中心となる。

＊見通しの３視点の中で特に重要な点は、本時ではどのように学ぶかの〈学ぶ方法〉、いわゆる学習の手順が中心となる。

(2) 千年の釘にいどむ　５年

学　習　活　動　※☑をする
５　課題解決の予想が立つかを確認する。 見通しの方法 □キーワードの確認 □アイテムの確認 □学習方法

〈見通しの３視点〉

①学習内容　　おすすめの一冊を読み、すすめる方法を選び、作品（ポスター、パンフ）を作る

②学習方法　　伝えたい内容を決め、心に残った言葉に線を引く

③キーワード　ポスター、事、引用、パンフ、キャッチコピー

2　算数・数学

(1) 比べ方を考えよう　5年

学　習　活　動　※☑をする
☑5　課題解決の予想が立つかを確認する。 見通しの方法 ・□を使って立式する方法を考える。 ☑キーワードの確認 ☑本時のシラバスの確認、 ☑言語わざの確認

〈見通しの３視点〉

①学習内容　　割合の和や差を含んだ場合の比較量の求め方を見つける

②学習方法　　□を使って立式する方法を考える

③キーワード　割合、比べられる量、もとにする量、割り算、掛け算

＊分かっていること、聞かれていること、前時との違い、単位等は問題提示の後、「気づき」の中で行う。
算数・数学でも見通しの３視点と合わせて「求め方（求める方法）」が見通しの中心となる。

(2) はしたの大きさの表し方を考えよう　3年

学　習　活　動　※☑をする
☑4　課題の解決方法、おおよその答えの見通しを立てる。 □内容（数直線を使うと分かりやすいこと） □方法（式と言葉・数直線と言葉で表すとよい） ☑5　グーパーで課題解決の見通しが立つかを確認する。 □キーワードの確認、 □アイテムの確認（算数） □言語わざの確認（キーワードを使う）

〈見通し３視点〉

①学習内容　　数直線を使うと分かりやすいこと

②学習方法　　式と言葉（数直線と言葉で表すとよい）

③キーワード　0.1をもとにする、数直線、リットルます図

3 社 会

(1) なくてはならない食料 中2

学 習 活 動 ※☑をする

☑4 課題の解決方法、おおよその答えの見通しを立てる。
□内容（人口爆発によってどのような問題が起きるか）
□方法（本文の食糧問題の現状）
□キーワードの作成
・食料不足
・水不足
・人間の安全保障
・医療

〈見通しの3視点〉
①学習内容　人口爆発によってどのような問題が起きるか
②学習方法　本文の食糧問題の現状
③キーワード　食料不足・水不足・人間の安全保障・医療

＊社会の気づきは、①考えられること、②気が付いたこと等である。
社会の見通しは、見通し3視点と合わせて、①調べてみたいこと、②調べる方法が中心となる。

(2) 憲法と私たちの暮らし 6年

学 習 活 動 ※☑をする

☑4 課題の解決方法、おおよその答えの見通しを立てる。
☑内容（①投票率の変化などの資料をもとに現状や課題について話し合う。
②政治への参加について自分の考えを出し合う。）
☑方法（自分の考えを短冊に書く。越知ゼミ方式）
☑5 グーパーで課題解決の見通しが立つかを確認する。
☑キーワードの確認、☑アイテムの確認
☑言語わざの確認
（キーワードや資料を使って自分の考えを説明する。

〈見通しの3視点〉
①学習内容　・投票率の変化などの資料をもとに現状や課題について話し合う。
・政治への参加について自分の考えを出し合う。
②学習方法　自分の考えを短冊に書く。越知ゼミ方式
③キーワード　地方自治、意見、要望、パブリックコメント、予算

4 理 科

(1) 日なたと日かげ 3年

学　習　活　動　※☑をする
☑4　課題の解決方法、おおよその答えの見通しを立てる。 ○実験の結果を発表する。 ・午前10時の日なたは○℃、日かげは○℃。 （一人学び（5分）・班学び（10分）・学び合い（10分）・まとめ（3分）・振り返り（5分）） ○キーワードを使って言葉で説明しよう。 （日なた、日かげ、地面、温度、午前10時、正午） 3　結果から気づいたことをまとめる。 4　班学びで自分の考えをホワイトボードに書き、説明する。班の考えをまとめる。 5　全体で考えを学び合う。 6　グーパーで課題解決の見通しが立つかを確認する。 ☑キーワードの確認（日なた、日かげ、地面、温度、午前10時、正午） ☑アイテムの確認 ☑言語わざの確認 （キーワードや資料を使って自分の考えを説明する。）

〈見通しの3視点〉

①学習内容　日なたと日かげの地面では、あたたかさにどのような違いがあるのかを調べ、話し合う。

②学習方法　実験をする気づいたことをまとめる。ホワイトボードで説明する

③キーワード　日なた、日かげ、地面、温度、午前10時、正午

(2) 生活の中の事象 中1

学　習　活　動　※☑をする
☑4　課題の解決方法、おおよその答えの見通しを立てる。 ☑内容（①理科の考え方。②自分の考えを出し合う。） ☑方法（中ホワイトボードから大ホワイトボードで考えを構造化する。） ☑5　グーパーで課題解決の見通しが立つかを確認する。 ☑キーワードの確認、質量・面積・大気圧・圧力 ☑アイテムの確認

〈見通しの3視点〉

①学習内容　理科の考え方

②学習方法　中ホワイトボードから大ホワイトボードを使う

③キーワード　質量・面積・大気圧・圧力

＊理科の気づきは、①考えられること、②気が付いたこと等である。

理科の見通しは、見通しの3視点と合わせて、①調べてみたいこと、②調べる方法が中心となる。

〈「授業備品」No.105「再度の（見通し）」〉

第７章

学び合い方法

701　考察方法一覧

授業で変えてみたいことの一つに「考察方法」がある。「班員が全員で考えた」といいながらいつも同じ子がホワイトボード等に「その子の考え」を書く。そして、1班から順に発表する。全員活躍型授業やアクティブ・ラーニングの趣旨からも絶対に避けたい方法の一つだ。解決方法として、考察方法一覧をまとめてみた。

1　構造化考察＋情報考察（中グループで各自の意見とキーワードを関連付ける。次項参照）

班を二つに合体した中グループで集まる。大きなホワイトボードやタブレットを活用し、自分の考えの短冊と本時のキーワードを関連づけて課題解決のための構造化を行う。黒板に貼られた本時のキーワードが書かれた小さな**「孫カード」**を用意する。そこでまとめた考えを、小さな用紙に書き写す。その後、ワールドカフェに移る。各班を回り、意見交流。その後情報考察。構造化で出た中グループの意見を黒板に掲示し学級で一本化を図る。学習リーダーが共通点や相違点をマーカーで線を引く。「つまり」を使って集約する。

2　ゼミナール方式での考察

一人学び（自力解決）を行い、自分の考えを短冊に書く。学級を3グループに分け、短冊を出し合い、意見調整を行う。全体学びでは、似ている意見の仲間分けを行う。その後、挙手をし合い全体としての考察を行う。

3　3色マジック方式での考察

グループで本時のキーワードと自分の意見を融合し大ホワイトボードに書く。その後、全員が他の班の大ホワイトボードを見て3色マジックで感想の線を引く。**「同じ、似ている」には青、「気付かなかった、面白い」意見には赤、「質問したい意見」は緑線に分ける。**その後、全班の大ホワイトボードを集合し、質問し合う考察。

4　短冊の掲示をする考察

自力解決で全員が短冊に考えを記入。短冊の内容をペアでお互いに説明。短冊を黒板に個人個人でカテゴリー分けをしながら掲示して考察を行う。1分間見て気づいたことを発表。

5　ワークシートを利用した考察（主に国語）

自力解決でワークシートに各種の線を引く。4人班で一つのワークシートに全員で協力して記入する。ワークシートを黒板に掲示し、教師が用意した模造紙上で全員による考察。本時のキーワードとの関連を重視した考察となる。

6　ホワイトボードに全員書き発表する考察

自力解決後、それぞれのホワイトボードを個々に記入。4人班でそれぞれが書いたホワイトボードを発表。全員のホワイトボードで分類整理する。この考察方法は、アクティブ・ラーニングの基本の学びの一つだ。全員活躍型の学びとなるためには、まずは、この方法から始めるとよい。

7　孫カード（キーワードを書いた小型のカード）を使用した考察

ホワイトボード（孫カードを貼付）を個々に記入。ペアを替えながらホワイトボードを見せ合う。全員のホワイトボードを黒板に掲示する。1分間見て、まとめにつながるホワイトボードを見つけて理由を言いながら発表。孫カードは、子どもたちにとってヒントを与える学びにつながる。

8　自分の班のホワイトボードを写真に撮り、ロイロノートにアップする考察

各自の考えを短冊に書き、それを基に各グループで話し合う。大きなホワイトボードを使用する。それぞれの共通点や相違点をまとめ、グループ考察を行う。その後、他のグループと交流。各班で話し合ったことをもとにペアで交流をする。自分の班のホワイトボードを写真に撮り、ロイロノートにアップする。自分たちの班で出た考えを他の班の仲間と交流をする。

9　ワールドカフェ出張版による考察

自分の考えを出し合い、ロイロノートにアップした後、自分の班の説明を自由に伝えに行く。その後、各自で考えをまとめ、大付箋に書き黒板に貼る。付箋の内容を学習リーダーがとりまとめる。

〈「授業備品」No.207「考察方法一覧」〉

702　子どもの学び合う力が発揮される構造化考察と情報考察

1　令和の日本型授業とは

令和の日本型授業とはどのようなものかを考えてみたい。それは、教師の教えすぎ、一問一答式やりとり、その結果としての、単語しか話さない子ども、授業内容を理解できなくて置いていかれる子ども、周囲と共に生きるという土壌が生まれない教室、広く世界に目を向けられない子どもが生まれる従来型の授業の弊害から脱却する授業である。それを解決するには、子どもに学び方を身に付けさせること、そして以下のように、様々な「考察」の方法を身に付けることである。

①問題（資料）　シンプルな内容を提示
②気づき　学習リーダー（授業の司会役）が簡潔に説明
③課題設定　単元や本時のねらいに目を向けさせる
④見通し　課題の解決方法、おおよその答えの見通しを立てる
⑤自力解決　分からない子への個別支援に徹する
⑥ペア学習　相手の考えのよさを認め合う
⑦班情報交換　ノートや付箋紙の内容を確認し合う
⑧構造化考察　中グループで授業のキーワードを使い、意見の構造化を行う
⑨情報考察　中グループで出た意見を出し合い考察を行う
⑩まとめ　子ども一人一人が自分の考えをまとめる
⑪振り返り　自分たちで内容を決めていく

上記の中から特に「構造化考察」と「情報考察」については、以下に解説する。

2　構造化考察（中グループで各自の意見とキーワードを関連付ける）

班での考察から全体考察に入る場面で、班の代表発表とするのではなく、子ども一人一人が自力解決を行った意味を生かすため、班を二つに合体してそれまでに出た意見を本時のキーワードと関連付けて課題解決のための構造化を行う。大きなホワイトボードやタブレットを活用する。キーワードは板書と同じものを小さな「孫カード」（ホワイトボード等に貼り付けて使用するカード）を用意する。中グループにおける構造化こそが本時の中心となる。そこでまとめた考えをシートにまとめ、その後、ワールドカフェに移る。各班を回り、それぞれの考えのよい所や質問箇所に、カラーマジックで下線を引いたり囲んだりコメントを挿入したりする。お互いの意見を交流させ、分からなかったことを再度教え合う自由な時間にする。

情報考察（構造化考察で出た中グループの意見を黒板に掲示し学級で一本化を図る）

中グループの構造化考察で出た考え（中ぐらいの付箋紙）を黒板に掲示し、学習リーダー（司会役の子ども）が共通点や相違点をマーカー等で線を引き違いを見つける。次に、「つまり」から始める言葉で、学習課題の結論を検討する。ここでは、子どもの「つぶやき」が生かされる。この情報考察は、短時間で十分である。

従来型の授業では、考察場面で教師と子どもとのやり取りになりやすかった。教師が想定した結論に導くための一問一答になりやすかったのである。令和の授業では、子ども同士の対話によって考察が深まることを目指したい。ここで述べた「構造化考察」や「情報考察」では、「挙手・指名・発表」がいらない。子どもたちが構造化考察や情報考察などで課題を追究していくことが本来のアクティブ・ラーニングの学びにつながるのである。

〈「授業備品」No.203「構造化考察プラス情報考察」〉

703　考察の手法を工夫する

子どもたちがアクティブに学ぶためには考察の仕方を工夫することが肝要だ。そのヒントは、全体考察の時間を減らし、少人数で話し合う時間を多くすることにある。従来型の授業との比較から、考察の工夫について考えてみたい。

従来型授業		進化型スタンダードコンパクト版		備　　考
自 ペア	分からない子への対策なし メモをしない	自 ペア	分からない子は即、聞きに行く メモをしながら情報交換	・赤ペン教師に徹する。全ノートの観察。
班 ↓	グループ学び ・考えを紹介し合うが、代表の子がホワイトボードに書く。班員は眺めている。	**班** ↓	・考えを交流する。 ノート提示 ホワイトボード掲示　などで行う。 ・それぞれの考えのよい所や質問を出し合う	・グループは３人が基本。３人以上になると、参加しない（参加できない）子が現れる。
全体考察	・班の代表が発表するが形式だけとなる。 ・教師がその都度、声を出すため一問一答となる。 ・分かる子の発表があるとよい授業と言う。錯覚。 ・子どもが発言しないため、教師がたくさん話す。	**中グループ**（1） 6～8人 ↓	・本時のキーワードと各自の考えの関連づけをする。 **第１考察** ・各自の考え方を集約。似ている所や似ていない所をキーワードと関連させながらグルーピング。	※ここで、分からなかったことが分かるようになることが大事。分かったふりをして終わっていく子が意外に多くいるので要注意。
		ワールドカフェ ↓	・各班を回り、それぞれの考えのよい所や質問箇所に、カラーマーカーで下線引き、□囲みやコメント挿入。意見交流。分からなかったことを再度教え合う自由な時間にする。	聞きたい人に聞きに行く。 そして、分かる方法や見たらよい資料などを教えてもらう。 分かる児童がいない場合、切り札である先生に修正に入ってもらう。
↓		**中グループ**（2） ↓	**第２考察** ・班としての考えを一本化	
		小全体考察 ↓	**第３考察** 中グループの意見を黒板に貼る。共通点で小考察をする。	
		まとめ ↓	リード文を書いておく。または、教科用語を移動。	＊学び方の反省は、子ども授業検討会で行う。（振り返りで今日の最高のシーン３つを挙げる、など）
まとめ ↓ **振り返り**	リード文を書いておく。または、教科用語を移動 (わ)　(友)　(知)	**振り返り**	**質問形式でまとめる。質問できる子の育成。**	

（高知県佐喜浜小作成に加筆）

〈「授業備品」No.198「全体考察を変える」〉

704　同意を求めながら話す

集団解決の話し合いで、子どもがワンフレーズで意見を話すことが多い。自分の意見を言い、相手はその意見を聞く。自然なことだがここに課題はないだろうか。聞き手がしっかり聞いていないために何を言ったか忘れたり、相手の考えと自分の考えの練り上げがうまくできない子どもを数多く見てきた。その解決策はないだろうか。かつての勤務校で研究した「話し合いのスキル」を紹介する。

1　学習指導要領（国語）

国語科の内容に「話す順序を考える」「相手に応じて」「聞いて声に出して」などが示されている。ここに「同意を求めながら話す根拠」がある。かつての勤務校では以下のような話し合いのスキルとして全教室に掲示した。

（1）　話すこと・聞くことに関する次の事項を身に付けることができるよう指導する。
ア　身近なことや経験したことなどから話題を決め、必要な事柄を選ぶこと。
イ　相手に伝わるように、行動したことや経験したことに基づいて、話す事柄の順序を考えること。
ウ　伝えたい事柄や相手に応じて、声の大きさや速さなどを工夫すること。〈略〉
（2）（1）に示す事項については、例えば、次のような言語活動を通して指導するものとする。
ア　紹介や説明、報告など伝えたいことを話したり、それらを聞いて声に出して確かめたり感想を述べたりする活動。
イ　尋ねたり応答したりするなどして、少人数で話し合う活動。〈略〉

2　相手の同意を求める話し方

国語　話し合ったり、説明し合ったりする場面で、既知の事柄について話すときに、**「～ですよね」**「～じゃないですか」と確認しながら話させる。

社会　課題についての話し合いの場面で、相手の発言を受けて「○○さんは～と言いましたよね」と話させる。見学、調査した事実や資料を基に考える場面で、事実や資料を示して、「～はこうなっていますよね」と話させる。

算数　自分の考えを説明する場面で、「～ですね、ここまでいいですか」と途中の段階でも相手に確かめさせながら話させる。

理科　実験や観察の結果を話す場面で、「○○さんは～と言ったじゃないですか」と同意を求め、友達の説明につなげて話させる。

音楽　自分の考えを説明する場面で、楽譜の事実を示して、**「～ですよね」**と確かめながら、話させる。

道徳　主人公の心情を説明する場面で、「○○さんは、～と言いましたよね」と同意を求めながら話させる。

特別活動　話し合いの場面で、相手に**「～ですよね」**と同意を求めながら話させる。

総合・話し合いの場面で、相手を説得するために**「～ですよね」**などと同意を求めながら話させる。

◎同意を求めながら話すスキル
・「○○さんは、～と言いましたよね」と同意を求めながら話させる。
・相手に「～ですよね」と同意を求めながら話させる。
・「～ですよね」「～じゃないですか」と確認しながら話させる。

話し手が同意を聞き手に求めたら聴き手は何か反応する。この反応こそ、「考察」や「交流」が活発になることにつながる。

〈「授業備品」No.61「同意を求めながら話す～言語活動～」〉

705　やまびこ言葉

授業の構成要素には４層あることは述べた（p.26 参照）。その２層目の「学級力の向上」、すなわち子どもたち同士の人間関係が良いことが重要だ。高知県三原村立三原中学校は、生徒たちの関係性がとても良く、全員が楽しそうに授業に取り組む。そこには、以下のような「仕掛け」がある。授業が盛り上がるので、学習意欲もかなり高い。子どもが授業づくりを主体的に行うための「盛り上げるための必須な仕組み」である。以下に、同校の体育の授業を紹介する。

①本気じゃんけん

本時の学習課題を確認した後に行う。活気溢れる授業になるためのじゃんけん大会である。できるだけ多くの仲間とジャンケンを行い、これから始まる授業の場を盛り上げる。

①じゃんけんを次々と相手を変えて行う。
②勝った方は、「イエーイ」とオーバーなしぐさをしながら叫ぶ。
③負けた方も頭を抱えるようなオーバーなしぐさをする。
④相子の時は、両手タッチをして、またじゃんけんをする。
⑤できるだけ多くの仲間と行う。

②ワクワク目標朝礼

本気じゃんけんの後に、今日の自分の目標を自分なりの言葉で班の仲間に伝える。それを聞いた仲間（班員）は、称賛の言葉を言う。このことで仲間同士で協働的に学ぼうとするようになる。

①リーダー：「目標を言いたい人」
　班員が手を挙げ、リーダーが指名をする。
②班員１：「言います。バトンをしっかり渡します。」
③全：「いいねー」と言い、両手を発表者に突き出す。
④リ：「目標を言いたい人」
⑤班員２：「私は、バトンパスを必ず成功させます。」
⑥全：「いいねー」と言い、両手を発表者に突き出す。
＊班員全員が言うまで繰り返し、最後に全員で「イェーイ」と言う。

③チクサクコール

掛け声を合わせて気持ちを高めるコールだ。試合前の準備としてやってみるとよい。運動会の時の気合い入れにもよい。何かしら活動を始める時に気持ちを合わせるために最適だ。

＊右手右足を出し、全員で手を重ねる。個人が親指を立ててもよい。リーダーが「チクサクコール」と言う。全員で、「イェーイ」と言う。続いてリーダーが「チクサク　チクサク」と言い、全員で「ホイホイホイ」と片足を踏みながら言う。これを２回繰り返す。
次にリーダーが「イピー」全員が「チャオ」を２回繰り返す。
最後はリーダーが「イピー」と言い全員で一斉に「チャオチャオ　オー！」でグー（親指立ても可）を上に突き上げる。
リ：チクサクコ～ル　全：イェーイ
リ：チクサク　チクサク　全：ホイホイホイ　リ：チクサク　チクサク　全：ホイホイホイ
リ：イピー　全：チャオ　リ：イピー　全：チャオ　リ：イピー　全：チャオチャオ　オー！

④スマイルパス

アクティブな活動Ⅰの後、「スマイルパス」を送る。班員全員で丸くなる。4人で3回くらい送る。

①班員1がボールを持つしぐさで「スマイルパス」と言いながら班員の誰かに送る。
②パスを受けた班員が、他の班員に「スマイルパス」と言い送る。
③①～②を続ける。

これは一例だが、授業の中で子どもたちの関係性を良くする工夫が深い対話につながる。各校で工夫しながら取り組んでみてほしい。

〈「授業備品」No.141「やまびこ言葉」（授業を盛り上げる）〉

706　子どもが主体的に学ぶ ICT 活用

GIGA スクール構想により、全国的に子どもたち全員にタブレットをはじめとする端末が配布された。タブレット端末をはじめとする ICT 活用は、授業を根本から変える要素がある。教師から教わるのではなく、主体的に学んでいく時代に入っていくであろう。デジタル教科書の導入によって、端末で学ぶ機会は飛躍的に増えることが予想される。「個別最適な学び」や「協働的な学び」を進めるインフラとなることが期待されている。その根底を支えるのは「主体的に学ぶ方法」を指導しているかどうかだ。「学習スタンダードを活用した学び」がそれにあたる。

1　1年算数「12－3のけいさん
→1年生が自分たちで写真を撮りロイロノートで共有

（高知県越知町立越知小学校の事例）

① 自分の考えを図や式、言葉を使って各自ミニホワイトボードに書く。

② **グループになり、大ホワイトボードに各自のミニホワイトボードを貼り、同じところ違うところを見つけたり、質問をし合ったりする。**

③ **各グループの大ホワイトボードを写真にとりロイロノートで共有する。**その情報をもとに、児童が本時の課題に迫っていく。児童は、共有した意見の違いから、今日のねらいである加減法と減々法２種類の計算の方法に気づいていく。

④ 全体学習から、本時の課題についてまとめていく。

①　②　③　④

2　6年国語「町の幸福論—コミュニティーデザインを考える」
→タブレット活用でワールドカフェ出張版

① 自力解決

・２つのグループのプレゼンテーションの動画から、気づいたことや改善点について考えノートに整理する。

・気づいたことや改善したらよいところを短冊付箋に書く。

② グループ学習

・各自のそれぞれの短冊を基に各グループで大ホワイトボードに出し合い、共通点や相違点を基にグループで考察する。→班のホワイトボードを写真に撮り、ロイロノートにアップする。

③ **ワールドカフェ出張版→他の班を回り、タブレット端末を見せながら全員が説明し合い、意見の交流をする。**

④ 再度、自分のグループに戻り共有した内容を伝え合い「より聞き手に伝わりやすいプレゼンテーションにするための工夫」について考察し、自分たちのプレゼンテーションを修正・訂正する。

⑤ 全体共有→自分たちの修正について全体で共有する。

①　②　③　④⑤

3　6年算数「データの調べ方」
→自力解決、振り返りにチャットを活用

複数のデータを基に大縄跳びの優秀チームを予想する。ロイロノートにこれまでのデータを蓄積、そこから根拠として活用するデータを選び、相手を納得させる説明をし合う。

複数のデータを基に大縄跳びの優秀チームを予想する。ロイロノートにこれをアップする。

①自力解決　**自由にチャットに書き込むことで分からない言葉などを友達に聞く。**

②根拠資料は手元のタブレットに示し、自分の考えはホワイトボードに書く。

③家庭待機や別室登校の子どももそれぞれの場所からチャットに参加する。

①　②　③

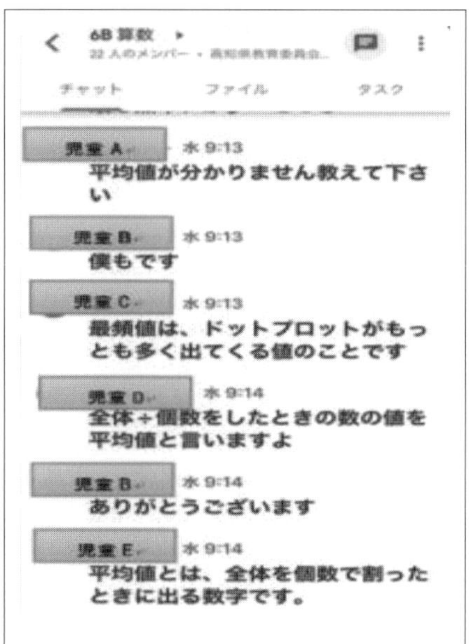

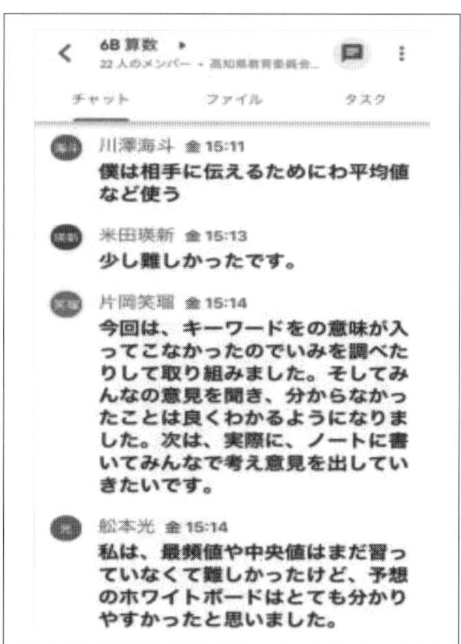

ICT の効果的な活用は、これからどんどん進んでくるだろう。個別最適な学びはもちろんであるが、**協働的な学びに効果的に取り入れることで、より子どものアウトプットの場面が保障される。**そのことは、学びを分かりやすくすることはもちろん、手元で自他の考えを容易に比較できることから、一部の子どもと教師だけで進みがちだった学びが、全ての子どもが参画できる授業へのアプローチの一つになっていくだろう。

〈「授業備品」No.206「ICT の活用その 1」〉

707　ワールドカフェ方式

かつての勤務校では、研究協議会やホームルーム、道徳の授業などでワークショップを取り入れていた。まず、1グループ5人程度のワークショップをメンバーを代えて2回行い、その後、全員でワークショップを20分間行う。参加者は、1人40秒以内で自分の意見を述べ、全体会では、ワークショップで学んだことを全員が発表する方法をとった。

●ワールド･カフェ　1995年にアニータ･ブラウンとディビッド･アイザックスによって始められました。メンバーの組合せを変えながら、4～5人単位の小グループで話し合いを続けることにより、あたかも参加者全員が話し合っているような効果が得られる会話の手法です。その名が示すようにカフェのような、リラックスした肩の凝らない雰囲気ができやすいことから、プロジェクトやチームの、様々な利害関係者の新しい関係作りを進めていきたい場面などに使われることも多いようです。（香取一昭・大川恒著『ワールド・カフェをやろう！』日本経済新聞出版、2009年）

1　ワールドカフェ方式の方法

①４人１組で席に着く

ひとつのテーブルに4～5人（原則4人）が座る。この人数だと、話す時間と聞く時間のバランスがとりやすく話し合いの手法としてワールドカフェ形式が活きてくる。なお、議論のテーマはどのテーブルも同じである。

②紙に意見やアイデアを書く

テーブルの真ん中にそれぞれ用紙が置いてある。そこに議論の中で浮かんできた疑問やアイデアを自由に書き込んでいく。このような方法で行えば、移動してきた人もその前にどんなことが話されていたのか分かりやすく、意見も出しやすくなる。

③一定時間で1人を除き席を移動する

20～30分程度の話し合いを数ラウンド行う。そしてラウンドが変わるごとに1人を残して全員が他のテーブルにそれぞれ移動する。この方法であれば、ラウンドごとに別のテーブルの話し合いに参加できる。残った一人は移動してきた人にそのテーブルで進んだ話の内容を伝えた後、議論を行う。

④参加者全員で情報共有をする

最後は全体で情報を共有する。特に、同じ意見になった点について、より深く掘り下げる。ワールドカフェ方式は、答えを出すことをゴールにした話し合いの方法ではない。参加者がオープンに会話をし、新しいアイデアや知識を生み出すのが目的である。

2　ワールドカフェ方式の効果

ワールドカフェ方式の利点は、話しやすい環境があることだ。大人数の前で発言するよりも、少人数の方が発言しやすいからだ。また少人数ならば距離が近く、話を聞いてもらいやすいため、自分の意見を言いやすいという効果もある。また、相手とのつながりも意識できる。ディベートのように否定されることがない。自分の素直な意見が否定されず、尊重されるのでより対話が活発になる。相手の意見を聞き、つながりを意識しながら自分の意見を伝えられるので、場の一体感を感じとることができる。さらに、参加者全員の意見や知識が共有できることもメリットだ。テーブルを移動するたびに、直接でなくても、先に議論をした人たちの意見を知ることができるという効果がある。これは**移動の回数が増えるごとに効果が増す。**テーブルでは**少人数で話しているにもかかわらず、多くの人との意見交換や知識の共有ができる。**

3　留意点

ワールドカフェ方式は、テーブルあたりの人数が６人以上だと議論が活発にならない。リーダーや進行役がいると自由な発言がしにくく、活発な意見交換が阻害されてしまう。テーブルごとにテーマが違えば、移動してきた参加者は意見を出しにくい。そしてワールドカフェ方式が始まる前に、最後に結論を発表してもらうといったアナウンスがあると、何か結果を形にしなければと、やはり自由なアイデアは生まれにくくなってしまう。校内研修事後協議会や教科指導ではこの方式は効果的だ。ぜひ試してみてほしい。

4　具体例（道徳）

C　～課題（Tが提示）に繋がる内容「例（スマホ）」を話し合う～
T　今日の資料提示（教師が読む）
C「この資料で気がついたことは」「考えられることは」「調べてみたいことは」（キーワードが並ぶ）
T　課題の提示（道徳であれば、中心発問）
C　自力解決・１枚の付箋紙に一つの考え書く。（付箋紙は１人２～３枚（10センチ×５センチ）

１「ワールドカフェ方式で学ぶ」（説明）
・付箋紙に書いた内容を順に発表しながら学習グループで出し合い、考えを共有し合う。
・付箋紙を画用紙に工夫して貼る（KJ方法）
・相手の意見を聞いたら、自分のペンで相手の付箋紙の外に書き込む。

２「違う人同士で、考えを共有する」
・グループでホストを１名を決め、その人は残る。他は、ゲストとして違うグループに行き、新しく集まった人同士で議論をする。
・画用紙（A3）を真ん中に置き、まずは全員で眺める。
・テーブルホストが、先程のグループで話し合った内容を説明する。
＊ここで課題に立ち返り、自分に置き換えて考えたことの結論やその根拠や理由を出す。
・話した人から、付箋の外に意見を書き込む。（ペン色を変える）

３「本日の課題から、考えを深める」
・再度同じテーブルに戻る。
・自分の意見を言った人から、違う色のペンで自分の付箋や仲間の付箋に書き込んでいく。

４「課題に対するグループの考えや意見を短冊に書き紹介し合う」
・教師は、本時の課題を再度紹介する。
・課題に対するグループ考えを短冊１枚に書く（30センチ×50センチ）。
・グループの画用紙と短冊を黒板に貼る（１本にまとめない）。
・学習リーダーが短冊を紹介し、全員で共有する。

５「まとめと振り返り」
・課題に対するまとめを書く（課題のキーワードをもとに自分で価値づける）
・振り返り（自分なりに学んだこと、仲間から学んだこと、新たにやってみたいこと）

〈「授業備品」No.46「ワールドカフェ方式」〉

708　考えるための技法

1　これでいいのか

・いまだに教師主導で「知識」を教えようとしている。
・教科書をなぞれば、授業は進んでいるという勘違い。
・大声を出す指導が、子どもの理解につながるだろうか？

2　考えるための技法の例と活用の仕方－学習指導要領から

現行の「学習指導要領解説　総合的な学習の時間編」（小学校）では、「探究的な学習の過程においては、他者と協働して問題を解決しようとする学習活動や、言語により分析し、まとめたり表現したりするなどの学習活動が行われるようにすること。その際、例えば、比較する、分類する、関連付けるなどの考えるための技法が活用されるようにすること」とされている。本項では、この「考えるための技法」の活用について、その意義と具体的な例を紹介する。

学習指導要領においては、「考えるための技法」がどのようなものか具体的に列挙して示すことはしていない。各学校において、総合的な学習の時間だけでなく、各教科等において、どのような「思考力、判断力、表現力等」を養いたいかということを踏まえつつ、子どもの実態に応じて活用を図ることが期待される。

ここでは、学習指導要領において、各教科等の目標や内容の中に含まれている思考力、判断力、表現力等に係る「考えるための技法」につながるものを分析し、概ね小学校段階において活用できると考えられるものを例として整理した。

○順序付ける：複数の対象について、ある視点や条件に沿って対象を並び替える。
○比較する：複数の対象について、ある視点から共通点や相違点を明らかにする。
○分類する：複数の対象について、ある視点から共通点のあるもの同士をまとめる。
○関連付ける：複数の対象がどのような関係にあるかを見つける。・ある対象に関係するものを見つけて増やしていく。
○多面的に見る：多角的に見る・対象のもつ複数の性質に着目したり、対象を異なる複数の角度から捉えたりする。
○理由付ける（原因や根拠を見付ける）：対象の理由や原因、根拠を見付けたり予想したりする。
○見通す（結果を予想する）：通しを立てる。物事の結果を予想する。
○具体化する（個別化する、分解する）：対象に関する上位概念・規則に当てはまる具体例を挙げたり、対象を構成する下位概念や要素に分けたりする。
○抽象化する（一般化する、統合する）：対象に関する上位概念や法則を挙げたり、複数の対象を一つにまとめたりする。
○構造化する：考えを構造的（網構造・層構造など）に整理する。

このように「考えるための技法」を紙の上などで可視化することで、いわば道具のように意図的に使えるようになる。子どもの思考を助けるためにあらかじめワークシートの形で用意しておくことも考えられる。「考えるための技法」を可視化して使うことには次のような意義があると考えられる。

一つには、教科等を越えて、児童の思考を助けることである。抽象的な情報を扱うことが苦手な子どもにとっては、それを書き出すことで思考がしやすくなる。各学校の中で、例えば「○○小学校思考ツール」として共通のワークシート等を活用することが、各教科等における思考力、判断力、表現力等を育成する上でも有効であると考えられる。二つには、協働的な学習、対話的な学習がしやすくなるということである。紙などで可視化することにより、複数の子どもで情報の整理、分析を協働して行いやすくなる。三つには、学習の振り返りや指導の改善に活用できるということである。一人一人の児童の思考の過程を可視化することにより、児童自身が単元の終わりに探究の過程を振り返ったりすることに活用できる。

3　様々な思考ツール

思考方法（学習指導要領用語順）	思考ツール（考えの進め方や考えをイメージ化する図式や手順）	
順序付ける	・対象を並び替える	・ステップチャート ・プロット図・マナボード
比較する	・相違点や共通点を見つける	・ベン図・マナボード
分類する	・いくつかのまとまりに分ける	・ベン図（算数・数学） ・KJ 法 ・座標図・マナボード
関連付ける	・既習事項や経験と事柄を結ぶ	・コンセプトマップ・マナボード
多面的に見る	・視点や立場を変えて見る	・X チャート・Y チャート ・Wチャート・くま手チャート ・ウェビングマップ（理科） ・マナボード
理由付ける	・理由や原因、根拠を見つける	・クラゲチャート ・お魚ボーン図
見通す	・見通しを立てる	・キャンディチャート ・お魚ボーン図 ・マナボード
具体化する	・対象に関する具体例を挙げる	・マナボード
抽象化する	・事例から決まりを作る	・ピラミッドチャート・マナボード
構造化する	・複数の事柄の関係を構成する	・ピラミッドチャート（国語） ・お魚ボーン図 ・バタフライチャート ・プロット図・マナボード

ベン図（パソコンとスマホ）

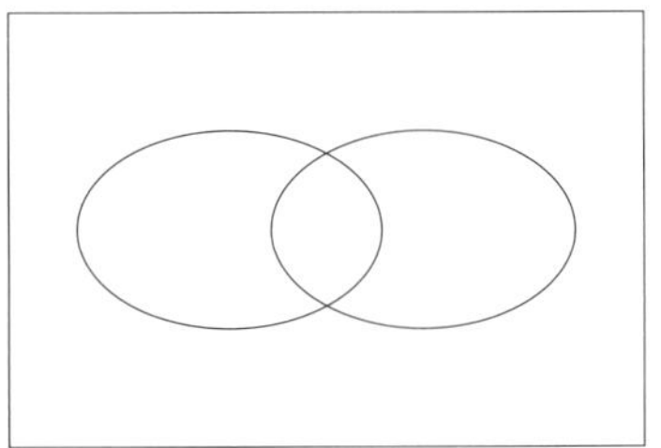

X チャート（県外出張計画・多面的焦点化する）

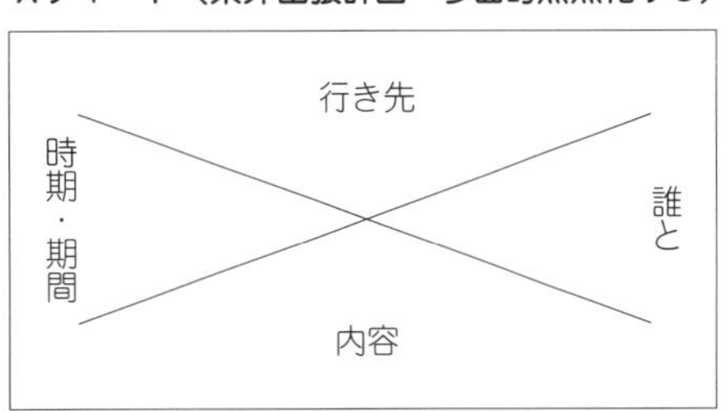

ウェビングマップ校内研修を活性化、広げる関連づける

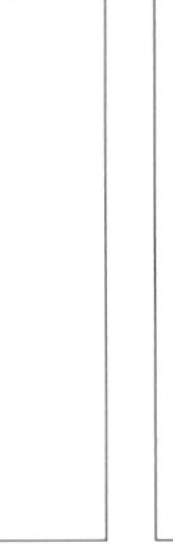

クラゲチャート（主体的な授業・根拠と理由）

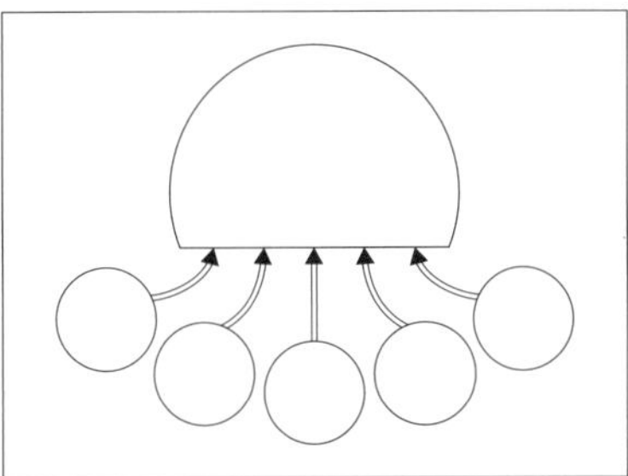

ピラミッドチャート（自分の授業＋解決策をマナボードに出す WK）

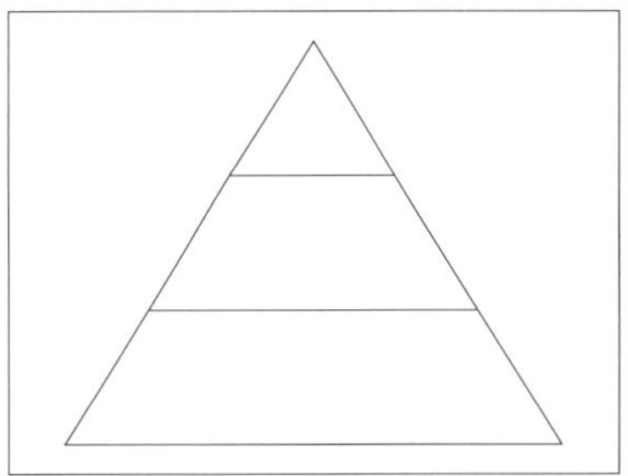

ワークシート

以下の問題を使ってグループディスカッションをしてみよう。

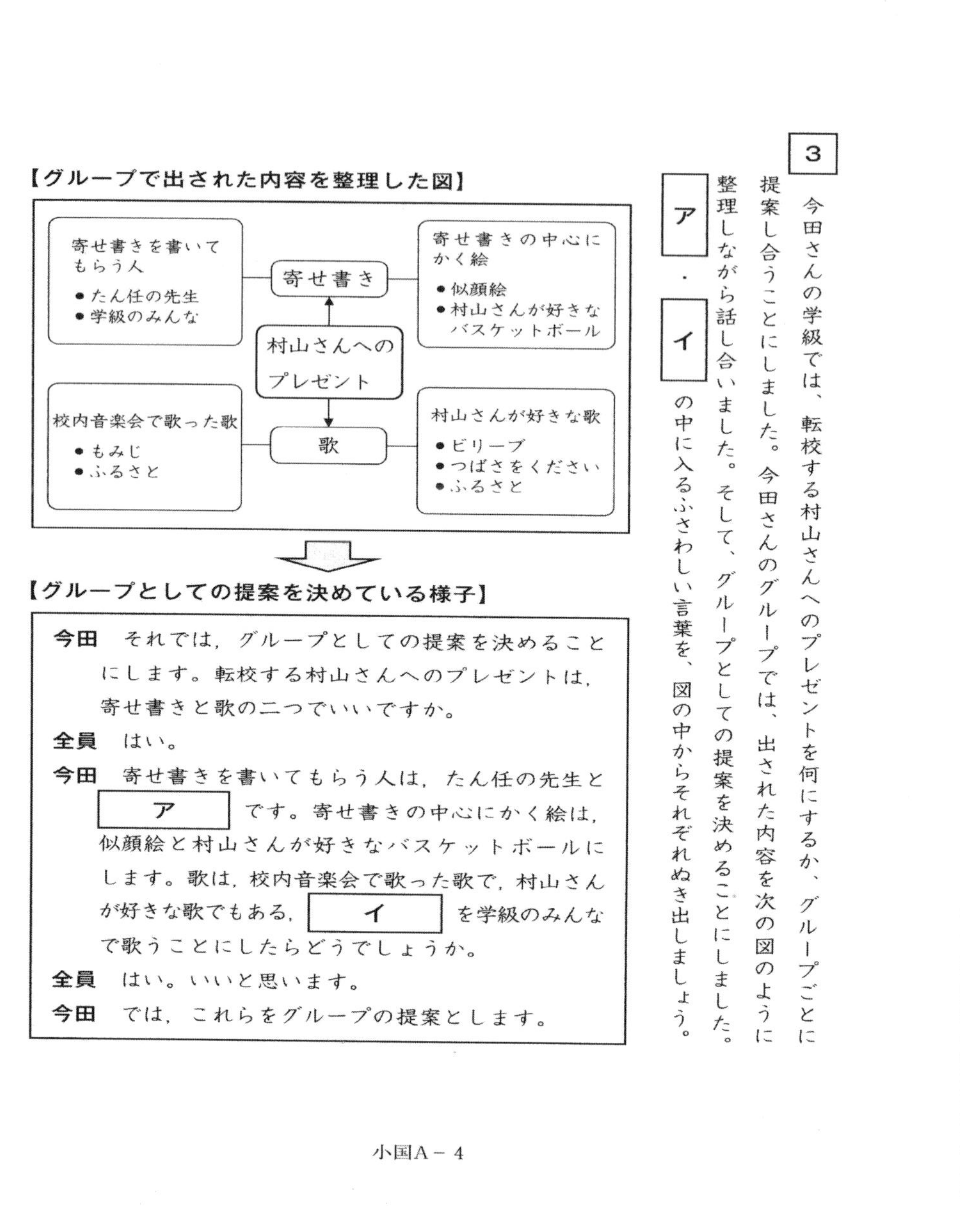

3　今田さんの学級では、転校する村山さんへのプレゼントを何にするか、グループごとに提案し合うことにしました。今田さんのグループでは、出された内容を次の図のように整理しながら話し合いました。そして、グループとしての提案を決めることにしました。

ア・イの中に入るふさわしい言葉を、図の中からそれぞれぬき出しましょう。

【グループで出された内容を整理した図】

【グループとしての提案を決めている様子】

今田　それでは，グループとしての提案を決めることにします。転校する村山さんへのプレゼントは，寄せ書きと歌の二つでいいですか。

全員　はい。

今田　寄せ書きを書いてもらう人は，たん任の先生と［ア］です。寄せ書きの中心にかく絵は，似顔絵と村山さんが好きなバスケットボールにします。歌は，校内音楽会で歌った歌で，村山さんが好きな歌でもある，［イ］を学級のみんなで歌うことにしたらどうでしょうか。

全員　はい。いいと思います。

今田　では，これらをグループの提案とします。

小国A－4

全国学力・学習状況調査

ピラミッドチャートを使ったグループディスカッション

①日々の実践を振り返り、感じたことや考えたこと等の事実の部分を、下段に書き出します。
②中段には、書き出したことによって、見えてきたことや、分かったこと等、課題について書きます。
③上段には、課題を解決するために、今後どのようなことに取り組んでいくか、書きます。

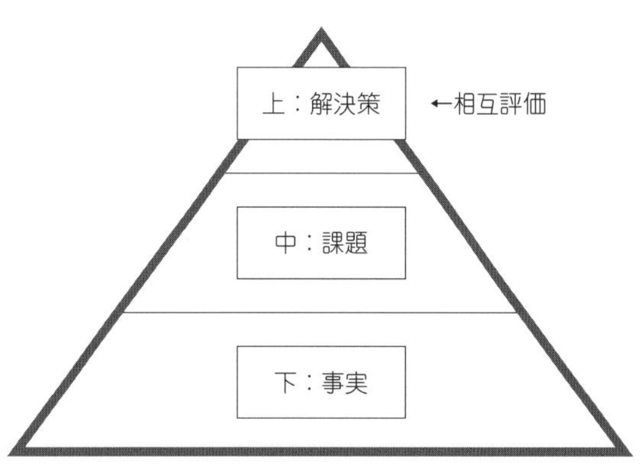

④ワールドカフェ方式で「上段」に書いた、今後の取組や、解決策について共有します。
A まなボードやホワイトボード上で、ピラミッドチャートを見せ合いながら共有（10 分）
B 中心スペースに、グループのまとめを記入し、リーダー決定（10 分）
C リーダーは、席に残り、説明。リーダー以外は他グループを回り、情報共有（10 分）
D 元のグループに戻り、元のグループで情報共有（10 分）

⑤メモ

〈「授業備品」No.90「考えるための技法（思考ツール）学習指導要領総合的な学習の解説〉

709　ホワイトボードの使い方

ホワイトボードは子どもたちの学び合いに有効なツールである。しかし、単に使っているだけでは思考は深まらない。以下に、有効な使い方についてのポイントを述べる。

ホワイトボードの使い方のポイント

①班順に発表しない：全部の意見を聞くのは時間の無駄。各班のボードの比較・分類等に即、入るようにする。

②全員が意見を書けるボードにする：一部の子が意見を書く形式では、見ているだけの子が存在し続ける。

③全員にマジックを持たせ、全員が自分の考えを書く。

④班員の考えをホワイトボードの中で検討し、改善したことを「見える化」する。

●避けたい発表の仕方

×　グループの一人が代表して班の考えを記入

一部の子どもの意見しか書けないため、他の子はギャラリーになってしまう。結局は、班の中心のいつもの子が記入するため、他の子の考えは分からない。主体的・協働的な学びとはならない。

×　話し合いの結果しか記入していない

一人もしくは全員で話し合ったことを箇条書きにする場合が多い。結果しか書かないため、検討した過程や改善の様子が見えない。

×　班の代表の子だけが順番に発表している

ホワイトボードの良さは、考えを視覚化できること。だが、その良さを生かし切れず、見れば分かることを１班から順に発表させることが多い。時間の無駄となり、授業が最後まで行き着かない原因の一つとなる。教師の意識が順に発表させるという意識が強いことに原因がある。

×　マジックが人数分用意されていない

マジックを持てない子は意見が出せず、全員の意見が反映しにくい

●班全員の考えを検討して、改善策を書く方法

○　**ホワイトボードの最大のメリットは、すぐに書いたり消したりできること。そのため、全員（仲間）の考えを視覚化できる。**ホワイトボードの上で子どもたちが自分の考えを「○○だ」「いや○○ではない」と議論しながら検討し、書き換えたりしながら改善策を見つけるようにする。

○　考えを出し合う「道具」としてホワイトボードを位置づける。**ホワイトボード上は、きれいにまとめようせず、らくがき的なものとなってもよい。**思考の過程が示されることが大事である。

○　全員にマジックをもたせ、記入させる。全員の考えが「見える化」できる。

○　校内研究協議会は、模造紙などに付箋を貼り検討する方法が多い。**全教師でホワイトボードに考えを直接記入し、検討し、改善策を見つける方法も有効である。**

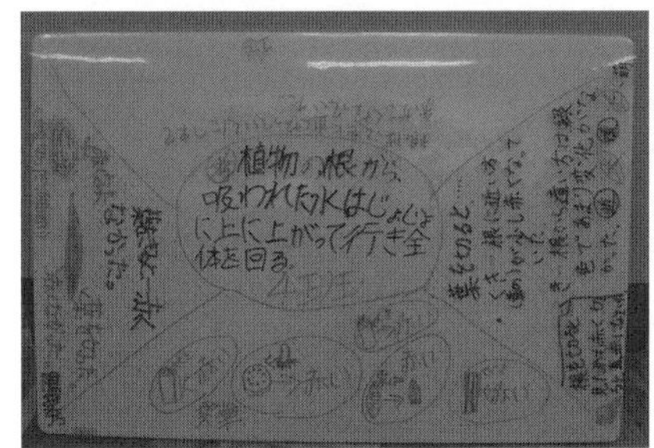

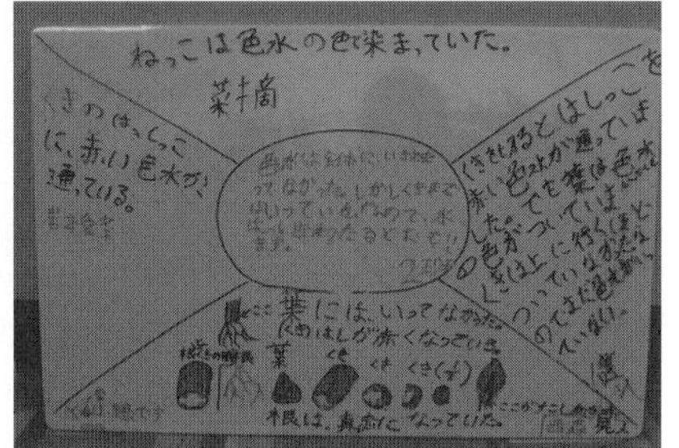

写真は高知県中央小学校の授業。ホワイトボードの大きさ(例)縦90cm×横60cm位(逆もあり)、ボードを支えの「イーゼル」もあるとよい

〈「授業備品」No.21「新ホワイトボードの使い方」〉

710　ホワイトボードの使い方（その2）

1　ホワイトボードのメリット

（1）正解を持つ子どもだけの授業にならない

正解を持つ子だけが意見を述べる場面をよく見る。しかし、子どもたち全員の発言を文章化すれば多くの意見を共有することができる。子どもがお互いの意見を聞くことができ、学び合いを進めることができる。

（2）すれ違いの議論が避けられる

みんなの考えをホワイトボードに書き出すことで、聞き違いや考えの認識の差がなくなる。また、学級の仲間の考えを尊重し、ともに学び合うことの重要性を学ぶことができる。

（3）ライブ感がもてる

自分の考えを書くことで、授業に参加する自覚が生まれ、書いた内容に対しての責任感をもつようになる。全員参加しているというライブ感が出て、深い学びが可能となる。

2　ホワイトボードの書き方

（1）要点を押さえて書く

ホワイトボードに書くことに時間をかけないよう、要点だけをまとめて書くようにする。自分の考えを一言一句書く必要はなく、箇条書きなどで簡潔に書く。

（2）複数の色を使って書く

何が重要な内容なのかが分かるよう、赤や青などの目立つ色を使って、観る人の注意を引きやすくする。

（3）図やグラフも用いる

分かりやすい図やグラフは内容を相手に深く理解させることができる。細かなものでなく、基本的な内容だけを示すようにする。

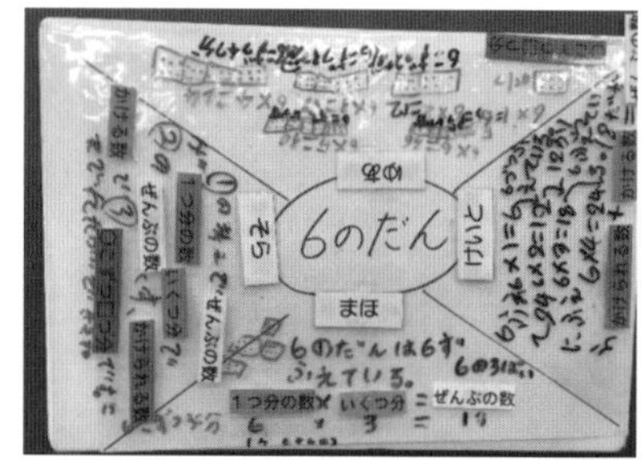

（4）適切な大きさで書く

全員がよく見えるような大きさでホワイトボードに書くことも重要である。文字の大きさと情報量のバランスをとって、観る人が理解しやすいよう工夫することも大切である。

3　学年段階の指導

子どもたちが分かりやすいボードを書くことができるようになるには、6年間を見通した段階的な指導が大切である。例えば、次のような各段階が考えられる。

①自分が考えたことをそのまま書かせるなど、**話し言葉で書く段階**

②文字がたくさん並び、見る人が分かりにくいことを理解し、**書くことを精選する段階**

③自分の言いたいことを**四角囲みや色チョークで強調したり、矢印を使って流れが分かりやすいように工夫したりする段階**

ホワイトボードに上手にかけるようにするためには、よくかけているボードを取り上げて、教師が価値付けることが重要である。そのことを通して、分かりやすい書き方を具体的に理解することができる。

〈「授業備品」No.67「ホワイトボードⅡ」〉

711　３色マジックで考察（授業例）

〈中２音楽　鑑賞（オペラ・アイーダ）、高知県三原中学校Ｏ教諭）〉

①前時の振り返り

②学習課題の説明（教科リーダー）

③見通し（学習内容キーワードを含む）・学習方法の説明

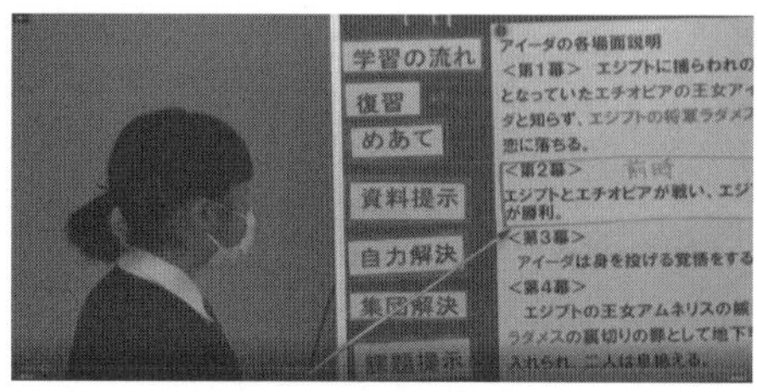

④自力解決「小マイホワイトボードに初発の感想

⑤全員の小マイホワイトボードで１回目の考察

⑥大ホワイトボードを孫カード（小キーワード）で再度自力解決

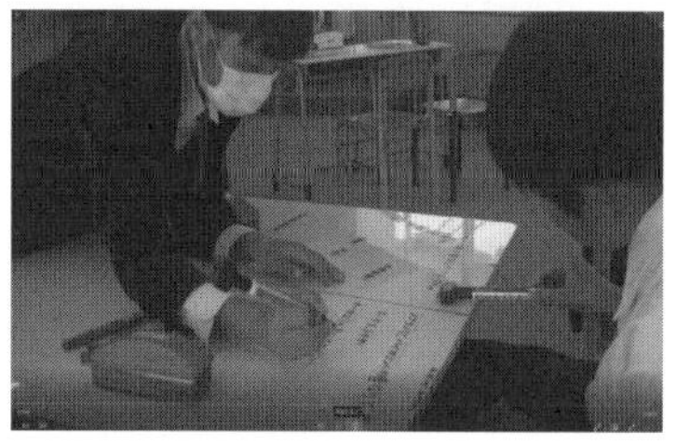

⑦仲間の大ホワイトボードを見て３色マジックで感想記入

・同じ、似ている線には青線

・気付かなった、面白い意見には赤線

・質問したい意見は緑線

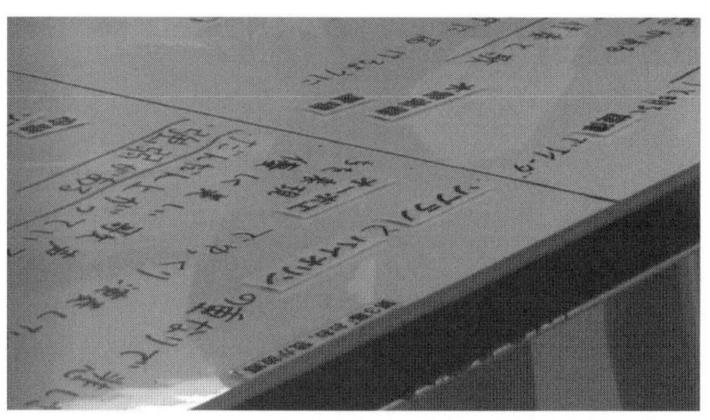

⑧大ホワイトボードを並べ、２回目の考察

・教師は随時、生徒の感想や考えを記入

・質問したいことには、生徒同士で受け答えをする

⑨再度、それぞれのワークシートにまとめる、⑩まとめを発表する、⑪振り返りと発表

＊全員が小さなマイホワイトボードに初発の感想で１回目の考察。大ホワイトボードへ孫カードを使いCDを聴きながら自分の考えを記入。３色マジックで仲間の考えに線を書く。大ホワイトボードを並べて２回目の考察。３色マジックを利用した全員活躍型の授業であった。

〈「授業備品」No.101「三色マジックで考察・音楽科での主体的な学び」〉

712　新考察方法で深い学びへ

高知県三原村立三原中学校（３色マーカーでの考察）と同越知町立越知小学校（越知ゼミナール）の考察方法で深い学びができた例を紹介する。共通点や相違点、類似点を見つけたり、意見をつなげたりしながら、子どもたちが主体的に考察を練り上げる手法である。参考にされたい。

１　３色マーカーを使った考察（高知県三原中学校）

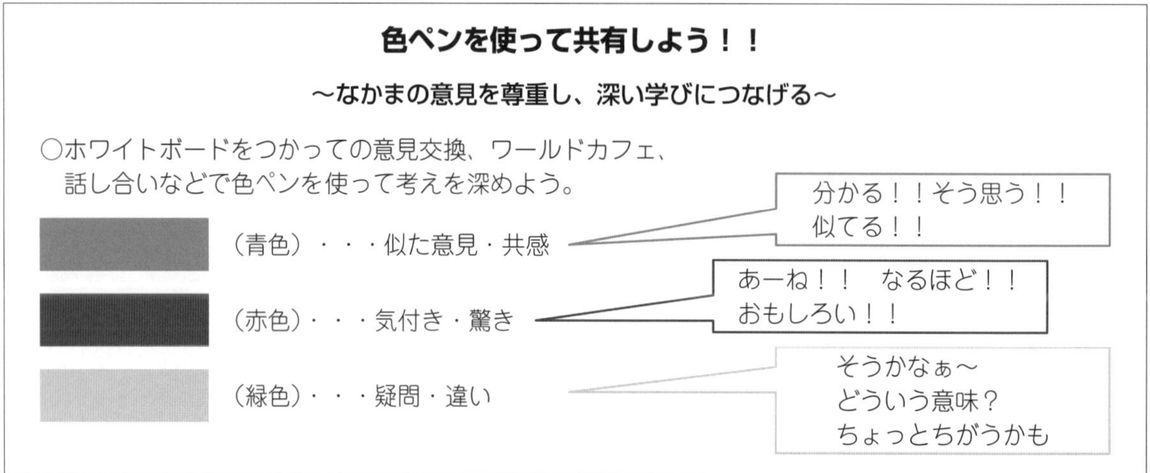

①各自がノートや小ホワイトボードに考えを記入。（自力解決）　②ペアや班で内容を紹介し合う　③各班でホワイトボード（大ホワイトボードがよい）等に考えを整理する　④全員が３色マーカーを持ち、自分の班以外の大ホワイトボードに線を引く　⑤３色マーカーで記載されたホワイトボードを眺め、質問や共通点を見つける考察・深い学び、この後ワールドカフェにいく場合もある。
＊全教科の考察場面（深い学び）で使える。三原中学校のこの実践は大いに活用できる。感謝して使おう。

２　越知ゼミナール形式（中グループゼミ10人程度）での考察

	司　会
意見把握	①まずは、グループの考えを見る時間です。 色ペンで交流しましょう。時間は、（　　）分です。 青・・・いいなと思った考え（共感） 緑・・・自分とは違う・疑問を持った考え（驚き・質問）
意見交流	②意見交流をします。 （　　　）さんから順にお願いします。
深める	③質問や付け足しはありませんか。
まとめ	④グループの意見をまとめます。 ○似ているところ、ちがうところ ○課題に対するまとめ
	⑤ノートに友達の考えを書きましょう＊この後ワールドカフェもあり

①自力解決・ペア・班学習で考えた意見を紹介し合う　②８人から10人でグループを作り、ゼミナール形式で意見の紹介や考察を行う　③各ゼミナールで考えたことを全体で紹介をして考察を再度行う場合もある

〈「授業備品」No.126「新考察方法で深い学び」〉

第8章

子ども主体の学習モデル

801　考察の手法（国語科）

「全員参加」「全員活躍」の学び合いのある授業づくりに役立つのが「付箋」や「ホワイトボード小・中・大」などの活用だ。数人の子による「挙手→指名→発表」といった従来型の授業ではなく、全員が何らかの「作業」を行い、中グループで話し合う考察が有効だ。8～10人位の中人数であれば、全員が主役となり話し合いに参加できる。ホワイトボードなどを活用した全員活躍型の考察を越知町立越知小学校の実践から紹介する。

1　中ホワイトボード上で付箋を使った中人数での考察　◇4年「プラタナスの木」

①各自による立ったままでの振り返り
②課題の記入
③場面読み（立ったまま）
④見通し（教師による、学習内容・学習の進め方の説明）
　ア　学習内容（キーワードの提示）
　イ　学習方法（各学習段階の進め方）
　ウ　アイテム（使用教具）
⑤自力解決（ノート・付箋）
⑥1回目の考察（中グループでゼミナール）
- メンバーをシャッフルして6グループに編成
- 大ホワイトボード上で付箋の出し合い構造化を図る（この段階では一つの考えにまとめない）
- 教師が提示したキーワードと各自が出した付箋との整合をチェック

⑦大ホワイトボードを全部前に並べ、全員で1分間見る
- 班の考え3～4枚を黒板に出し、教科リーダーが構造化

⑧質問や気付いたことを発表しする（2回目の考察）
（意見が出ない場合は、ペアで30秒間話し合う）
＊教師による補足
⑨まとめ書き
⑩振り返り書き

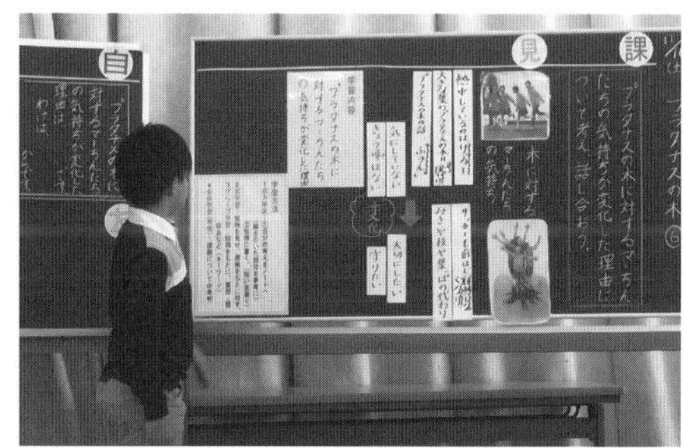

大ホワイトボードを活用して中人数のゼミ形式で行う考察は、これまでの［挙手→指名→発表］に代わる大きな考察手段だ。何より、学習の理解が難しい子どもが参加できる優しい学び合いとなる。

2　全員が記入した短冊を黒板に掲示した上での考察　◇1年「自動車くらべ」

①ペアで振り返りぶつぶつタイム後、数人が発表
②本文「自動車比べ」を読む
③今日の課題書き（当初から課題は書いてある）
④見通しの発表（教科リーダーが板書）（㋐学習内容　㋑学習方法を紹介）
⑤グーパーチェック（「分かった・分からない」の意思表明）　＊教科リーダーに全員が反応
⑥自力解決で全員が短冊に考えを記入
⑦短冊の内容をペアを替えてお互いに説明
⑧短冊を黒板に個人個人でカテゴリー分けをしながら掲示
⑨考察（1分間見て気付いたことを発表）
　＊話が行き詰った時はすぐにペア学習
⑩教師の修正（教師からの新たな問題提案に発表）
⑪まとめを全員でキーワードを使いながら行う
⑫振り返りの記入
⑬子どもミニ協議会（全員がよかったところ、学習リーダーのよかったところ、参加した先生からのコメント）

全員が自力解決で短冊に書いたことを、黒板にカテゴリー分けをして気付いたことを発表する授業である。当初から、㋐課題が記述してある㋑学習内容と学習方法が記述してある㋒カテゴリー分けの板書がしてある等の用意がなされていた。入学直後から教科リーダーを鍛え、ノートに正確に早く丁寧に書くことも指導されていた。全員が短冊に書きそれを掲示する全員活躍型の授業となった。

3　ワークシートを利用した考察　◇2年「おもちゃの作り方」

①ペアで振り返りと発表
②課題を読む
③見通し（板書あり）を挙手して発表（キーワードが並ぶ）
④教科リーダーが学習方法を伝える（板書されている）
⑤自力解決（本時ではワークシートに各種の線を引く）
⑥4人班でそれぞれのワークシートに書かれている内容を紹介
⑦1回目の考察（全員がマジックをもつ）
　4人班で一つの中ワークシートに全員で協力して記入する
⑧各班の中ワークシートを黒板に掲示し、教師が用意した模造紙上で全員による2回目の考察
⑨黒板にキーワードと関連づけた3回目の考察
⑩まとめ書き
⑪振り返り書き

全員がワークシートに考えを記述し考察を行うオーソドックスな学び方である。各自が書いたB4ワークシートを、A3ワークシートに全員がマジックを持ち考えを一つにまとめた。全員による記述のため、「ごちゃごちゃだ」と述べた子もいたが、協力して仕上げたことに意義があると思う。

〈「授業備品」No.98「国語科での主体的な学び」〉

802　考察の手法（社会科）

1　付箋を中ホワイトボードで構造化して考察　◇６年「暮らしの中の政治」

①ペアで振り返り

②自力解決

この後ペアで資料の１回の読み取り（気づき）

③新たな資料の読み取りと10×20センチの付箋（黄色）に一人２～３枚記入

④４人班で黄色付箋を簡単に紹介

⑤１回目の考察

・中グループ（メンバーをシャッフルし６グループに編成）で大ホワイトボード上で付箋を出し合い構造化する（この段階では一つの考えにまとめない）

・さらに班の付箋に３～４枚記入

・教師が提示したキーワードと各自が出した付箋の整合を確認

⑥班の付箋キーワード（ピンク）を黒板に貼り教科リーダーが２回目の考察と構造化を図る（キーワードとの整合を確認）

⑦併行して全員、中グループを廻り、新しい情報を各自のノートに記入する

⑧４人班に戻り、３回目の考察をする

⑨黒板で各班から出されたピンク付箋を使い４回目の考察

⑩まとめを書く

⑪振り返りを書く

＊深い学びは、教材の内容を掘り下げていく方法も一つだが、本授業のように考察を４回行う方法もある。考察を重ねることで子どもの学びが深まっていく。

2　一人一枚の付箋紙を利用した考察　◇社会４年「昔から今へと続くまちづくり」

①振り返りと発表
②教科リーダーによる前時までの内容の紹介（付箋の説明）
③課題の提示と記入
④見通し（学習内容（キーワード）・学習方法）を教科リーダーが説明）
⑤自力解決（ノート・１枚の付箋書き）
⑥１回目の考察
　・６グループに分かれ、付箋紙とキーワードをもとに構造化
⑦全体による２回目の考察（㋐全部の班から出てきた内容　㋑自分たちの班の考えと比べた内容　㋒今までの学習と関連付けた内容等）の３視点から考察・教師による並行した修正
⑧まとめの板書と各自のまとめ書き
⑨振り返りを書く

中グループによる１回目の考察と２回目の全体考察が特徴的である。特に、２回目の考察は３視点（㋐全部の班から出てきた内容㋑自分たちの班の考えと比べた内容㋒今までの学習と関連付ける等）があるため考察がしやすい。全員の子どもたちの反応を見ることができる。

3　一人一枚の付箋紙を利用した考察　◇３年「地域の安全を守る」

①振り返りと発表
②教科リーダーによる前時までの内容の紹介（付箋の説明）
③課題の提示と記入
④見通し（学習内容（キーワード）・学習方法）を教科リーダーが説明
⑤自力解決（ノート・一人１枚の付箋書き）
⑥１回目の考察
　・６グループに分かれ、付箋紙とキーワードをもとに構造化
⑦黒板を使ったグループの付箋と今日のキーワードを関連付ける
⑧全体による２回目の考察（ア全部の班から出てきた内容　イ自分たちの班の考えと比べた内容　ウ今までの学習と関連付けた内容等の３視点から考察・教師による並行した修正）
⑨まとめの板書と各自のまとめ書き　⑩振り返り書き

中グループによる１回目の考察と２回目の全体考察が特徴的である。特に、２回目の考察は３視点（㋐全部の班から出てきた内容㋑自分たちの班の考えと比べた内容㋒今までの学習と関連付ける等）があったため、考察がしやすかった。全員の子どもたちの反応を見ることができた。

〈「授業備品」No.100「社会科での主体的な学び」〉

803　考察の手法（算数・数学科）

1　中ホワイトボード上でワークシートを活用した中人数での考察

◇５年「平行四辺形の求め方」

①立ったままでペア学習による振り返り

②問題の提示

③気付き（分かっていること・聞かれていること・答えの単位・アイテムは、長方形や正方形の公式をつかう）

④グーパー（見通しが持てるか持てないか）確認

⑤課題の設定と読み

⑥見通し

・教師による学習内容・学習の進め方を説明
（図形の名前・記号を使う・前時で使った資料）

⑦自力解決（ワークシート用紙に二通り以上の解き方を記入）

・教師による机間指導

⑧１回目の考察（中グループによる大ホワイトボードでのゼミナール）

・メンバーをシャッフルして６グループ）で大ホワイトボード上でワークシートの出し合いとを板書しながら行う。（この段階では一つの考えにまとめない）

・教師によるキーワードと各自が出したワークシートの整合を確認

⑨大ホワイトボードを全部前に並べ、全員で１分間見る

⑩２回目の考察

・１班の代表者から説明する。各班と同じあれば各班の代表は説明をしない。違う考えなどを説明する）

⑪教師の修正

⑫まとめを書く

⑬振り返りを書く

大ホワイトボード上での１回目の考察、子どもたちを黒板前に集合させ、全ホワイトボードを見た上での２回目の考察、すなわち「考察の考察」が子どもたちにとって全員活躍型の学びとなっている。

2　ホワイトボードに全員が書いて発表する考察　◇２年「掛け算」

①ペアで振り返りと発表
②課題を読む
③気付きを挙手と教師により発表（キーワードが並ぶ）
④板書された見通しと学習方法を伝える
⑤自力解決（本時ではワークシートに各種の線を引く）
⑥ホワイトボードを個々に記入
⑦４人班でそれぞれが書いたホワイトボードを発表
⑧全員のホワイトボードを仲間分けをする
⑨黒板にキーワードと関連づけた１回目の考察
⑩まとめを書く
⑪振り返りを書く

全員がホワイトボードに考えを記述し分類し考察を行っている。ホワイトボードを全員が書くという作業はアクティブ・ラーニングに有効な手法だ。全員活躍型の学びとなるためには、教師のキーワードの提示も欠かせない。課題をしっかりと捉えさせた上で協働的に学ぶことがポイントとなる。

3　「孫カード」（ホワイトボードに貼るキーワードカード）を使った発表による考察
◇３年「掛け算」

①全員による振り返りと発表
②問題を提示
③課題の記入
④気付きを教師によるテープ図で発表
・キーワードを並べる
⑤板書された見通しと学習方法（学習の流れ・キーワード・言語活動）を伝える
⑥グーパー（解決できそうかどうか）のチェック
⑦自力解決（本時ではワークシートに各種の線を引く）
⑧ホワイトボード（孫カードを貼付）を個々に記入
⑨ホワイトボードをペアを替えながら見せ合う
⑩全員のホワイトボードを黒板に掲示する
⑪１回目の考察。１分間見て、まとめにつながるホワイトボードを見つけて理由を言いながら発表。キーワードにつながるホワイトボードを紹介する
⑫まとめを挙手による板書で発表
⑬まとめを各自の考えで書く
⑭振り返りを書く

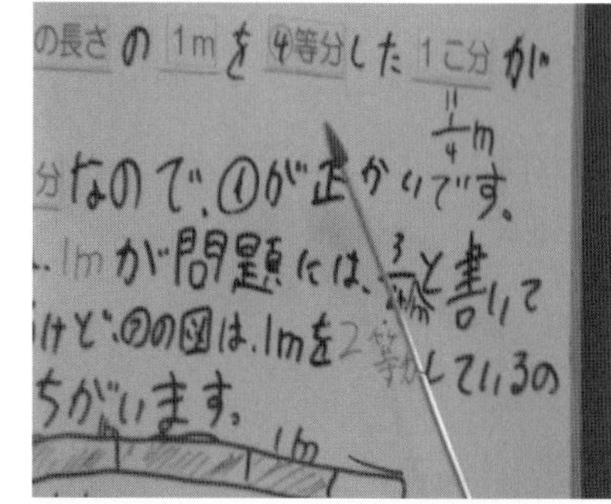

＊全員が孫カードを使ったホワイトボードに考えを記述している。孫カードは、子どもたちにとってヒントを与える学びにつながる。

〈「授業備品」No.99「算数・数学科での主体的な学び」〉

第 9 章

主体的な学び

901　板書とノートの一体化

(1) 板書で大切にする視点

①授業の進め方が可視化されている

課（課題）、㋮（まとめ）などの授業グッズがふんだんに貼ってある。前時の振り返りから本時のまとめまで分かりやすく示す。

②内容を全員で共有することができる

見通しの立て方、子どもたちの考え方が板書してあれば、意見交流や考察がしやすい。

③本時のキーワード（重要語句）を明確にすることができる

本時で使う教科用語が掲示してあり、その内容の理解ができるようになる。

(2) ノートづくりで大切にしたい視点

①自分の考えや友達の考えを書き表す。

②一時間の流れがよく分かるようにする。後で見直しができるように大切なことを書く。

③グループで出た意見、全体で出た意見もノートに書く。1時間で書いたことは、消さない。

(3) 板書やノートには書き方パターンがある

板書やノートには、基本的なパターンがある。学年が変わっても書き方パターンは変わらないが、ノートは、より発展したノートに変わっていく。

(4) 子どもの思考の流れがよく分かる板書

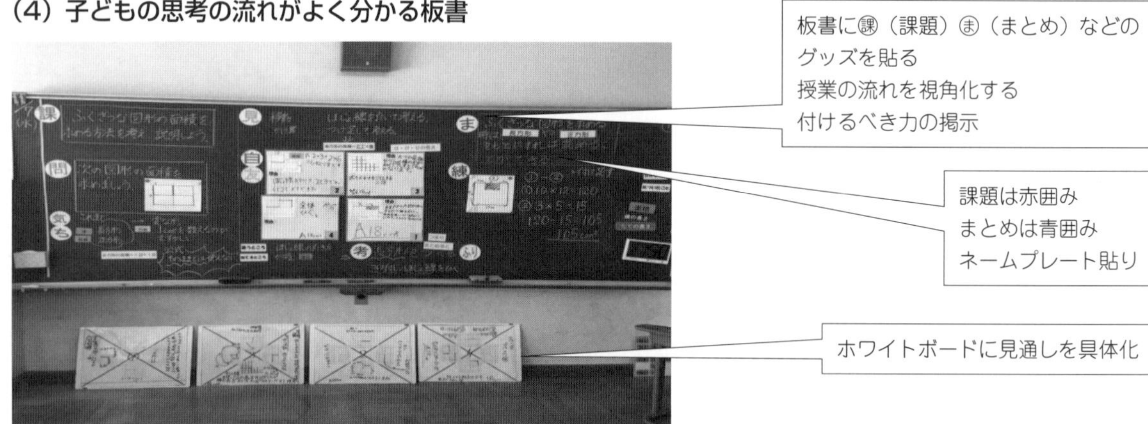

板書に課（課題）㋮（まとめ）などのグッズを貼る
授業の流れを視角化する
付けるべき力の掲示

課題は赤囲み
まとめは青囲み
ネームプレート貼り

ホワイトボードに見通しを具体化

(5) 1時間の思考を整理し、事後に活用できるノート

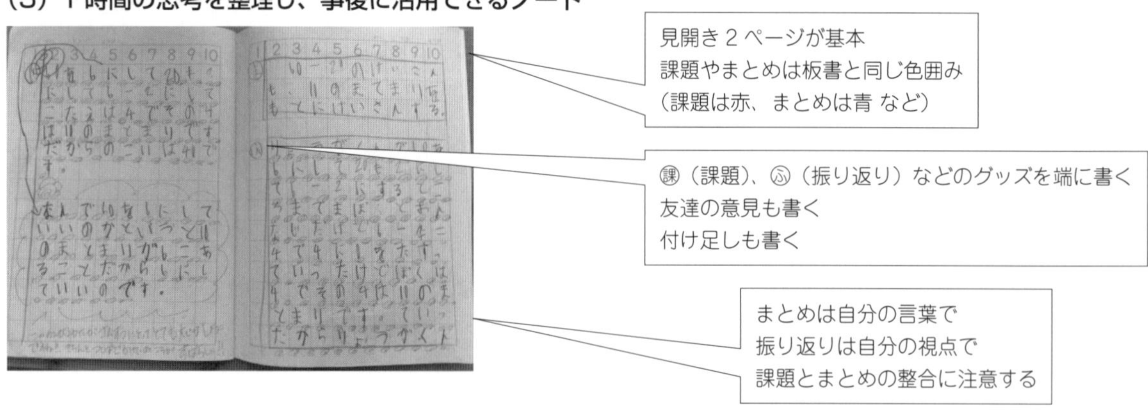

見開き2ページが基本
課題やまとめは板書と同じ色囲み
（課題は赤、まとめは青 など）

課（課題）、㋫（振り返り）などのグッズを端に書く
友達の意見も書く
付け足しも書く

まとめは自分の言葉で
振り返りは自分の視点で
課題とまとめの整合に注意する

〈「授業備品」No.82「板書とノートの一体化」〉

902 「授業進行係」をつくろう

1　授業の委員をつくる

委員会活動は、子どもの主体性・自治能力・問題解決力を育てるためにある。これまでその活動に「学習活動」へ直接影響するような委員会がなかった。授業は教師が行うという強い考え方があったからだ。そこでかつての勤務校では、子ども自身が学びを創るよう、「学習のわざ委員会」を設置した。ノートコンテストの推進、授業進行係、学習言語わざの状況調査等を主な活動とした。教師が校内研修で行ってきたような内容を子どもたちの「学習のわざ委員会」が担った。

2　ノートコンクールとノート大賞

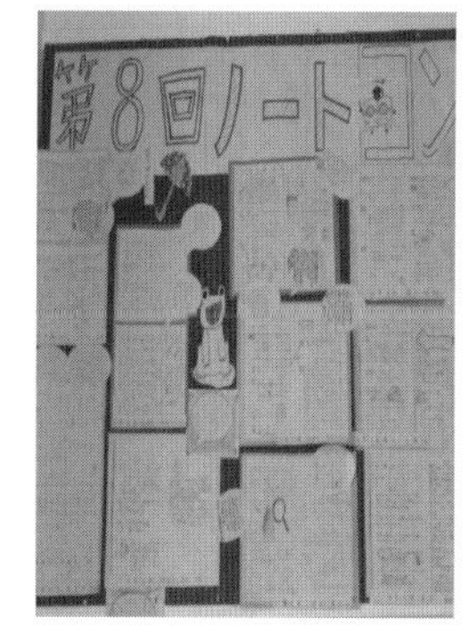

ノートコンクールは、子どもにノートの取り方や学び方のモデルを示し、ノート作りの意欲を高めるために年２回（６月、11月）行った。組の代表児童を選出し、委員会活動で選考する仕組みだ。見開き２ページを選考対象とし、選考基準は、低学年は、「後で読んでも分かる字で書いている」こと、中学年は、「理由をつけて自分の考えを書いたり、友達の良い考えを書いたりしている」こと、高学年は、「分かったことや考えたこと、友達の考え等を生かした振り返りを書いている」こととした。

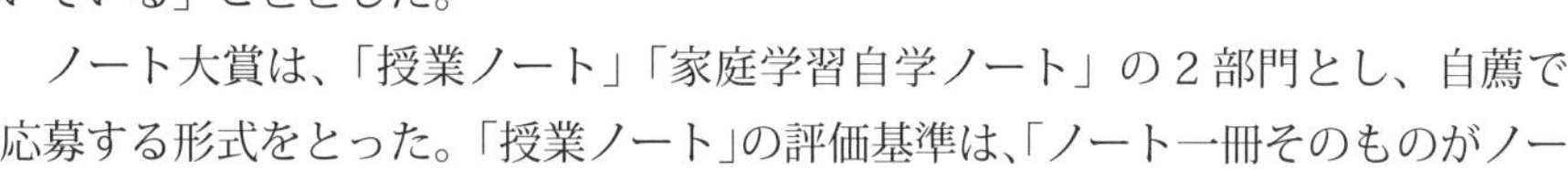

ノート大賞は、「授業ノート」「家庭学習自学ノート」の２部門とし、自薦で応募する形式をとった。「授業ノート」の評価基準は、「ノート一冊そのものがノートコンクールの評価規準に準じて作成されている」こと、「家庭学習用ノート」は、「考えたことが、各学年の目標（低学年は筋道たてて、中学年は要約して、高学年は論理的に書かれているものが記載されている）こととした。ノートコンクールの運営を子どもが担うことにより、子ども同士の学び合いが生まれ、学校全体の子どものノートの質が向上した。

3　授業進行係

学習指導要領総則には「児童が自ら学習課題や学習活動を選択する機会を設けるなど、児童の興味・関心を生かした自主的、自発的な学習が促されるよう工夫すること」とある。そこで「子ども同士が学び合い、自ら考え表現しながら本質的な学びを生み出す授業」を目指すため、子どもが教師を頼らず仲間と協働して創る授業スタイルを追究した。その具体策として**教科ごとに「授業進行係」（教科リーダー）を導入し、子どもが主体的・協働的に仲間と学ぶための推進役として各学級に位置付けた。これは教師の独壇場の授業をやめることに大いに役立った。**当初は、「授業進行係」に多くは望まなかったが、子どもは、「授業進行係」に慣れるにしたがい、自分たちで授業運営を行いたいという思いが強くなってきた。そこで、「授業進行係」に多くの授業運営を任せるようにした。

「授業進行係」の仕事は、①号令（始め終了後の挨拶）、②タイマー（問題解決学習段階の時間管理、③司会（全体司会者・各学習段階の司会）、④板書（意見や考察を板書）、⑤言語わざ（本時で進める言語活動の言葉の伝達）、⑥机配置（前向きか班会か教室の真ん中を向くのかの指示）、⑦本時の教材掲示（資料や学習問題の掲示）、⑧前時の振り返り発表（前時の振り返りを発表する）、⑨見通し確認（課題解決が可能か、出来ない場合の対応の指示）、⑩教科指導（課題解決ができない子へのサポート）、⑪授業内班長（班会で話し合う内容や発表方法の伝達）、⑫班会（班内の係りの指示と解けない子から発表の指示）、⑬ノート・ワークシート（ノート展覧会や「ノーと回し」の指示）、⑭参観者への対応（お礼の言葉など）だ。

ある研究授業が終わった時、泣いた子どもがいた。その理由を尋ねると、「普段はもっとうまい司会ができたのに」という言葉が返ってきた。授業に責任を負う姿に感動したことを思い出す。

「子どもが進める授業」は、授業に向かう姿勢を一変させる。子どもが主体的になるために、授業を担う係（教科リーダー）をつくってみよう。

〈「授業備品」No.24「学習のわざ委員会の設置」〉

903　説明文を書くノート

1　説明文を書くノート（記述式問題への普段からの対処）

文章題の立式はできるが、式の意味を説明することが難しい子どもがいる。**記述式問題の正答率が悪い原因の多くは、授業で「説明」を重視していないことに行き着く。**

問題文から自分が立式した式について、その根拠や理由を明らかに説明できる子どもを一人でも増やすための手立ての具体的例を高知県Ａ小の実践から示す。

○高知県Ａ小の「説明」を重視する指導

ある児童のノート

【問題】
あきら君は、600 円持っています。あるお店で 130 円のお菓子を買って、別のお店で 420 円のノートを買いました。残りは何円でしょうか。

式　600　－　(130＋420)＝　50
↓　↓　↓
言葉の式　〈出したお金〉　〈代金の合計〉　〈おつり〉

［説明］①まず、お菓子とノートの代金の合計を求めます。　130+420＝550
②次に、出したお金から代金の合計を引くようにします。　600－550＝50
③おつりは、50 円になりました。

このノートは、普段からの指導ができているから書くことができている。「説明」の仕方が教室内に貼ってあることや、ノートに説明モデルが書いてあることは必須なことである。自分が書いた説明が正しいかどうかを子どもに気づかせるには、どんな説明の書き方がよいかを指導しておくことが重要である。

Ａ小では、説明を書くための具体例を、以下のように子どもたちに示している。

◎上手に説明をする（書く）ための指導のポイント
①言葉の式から説明に必要な言葉を選ぶ。
②計算の順序に従って、説明を書く。その際、「まず」「次に」「そして」などの順序を表す言葉を使う。
③キーワードを入れる。

2　ぶらぶらメモタイム

「ぶらぶらタイム」（子どもが自在に動いて意見を交換し合う場面）は子どもが主体的に学ぶ上で必須なことである。だが、ただ「手ぶらで」ぶらぶらしていることに課題があることに気付いた。その解決のための**「ぶらぶらメモタイム」**を提案したい。移動中にも思考を止めない工夫だ。

①**大事な言葉（キーワード）に着目して聞く。**その後、短い言葉で書く。見出しをつける。
②**順序や理由を表す言葉に気をつけて聞く。**話の順序を表す言葉「まず次にそれから最後に」。理由を述べるときに使う言葉「なぜかというと」「だから」「そのわけは～からです」。
③**話の内容をイメージしながら聞く。**その後、記号や図や絵などを使って書く。
④話し手の方を見ながら聞く。

普段からペアやグループ学習等で書いたメモをお互いに見せ合う機会を作るとよい。それぞれのメモで工夫したところや改善点を話し合う交流の場を設定することにより、自分のメモを書き直したり書き足したりすることができるようになる。

メモの仕方は小学４年の国語で取り上げている。教科の内容を指導することも重要だが、**地道なメモの仕方を全教科で指導することが重要である。**

〈「授業備品」No.181「説明文を書くノート（記述式問題への普段からの対処）」「ぶらぶらメモタイム」〉

第 10 章

学習指導案づくり

1001　指導案疲れにならない略案づくり

指導案作成に長い時間をかけ、完成形を求めようとする必要はない。授業は生き物であり、修正を加えることによって質が高まるものである。したがって、教材研究は深く、指導案はできるだけ簡潔にすることを勧めたい。かつての勤務校での実例をもとに、「指導案疲れにならない」作成のポイントを示しておきたい。

1　指導案作成のねらい

授業者は指導案作成の意図を知らせ、参観者は指導案の流れ等を知るためにある。

2　指導案作成

研究授業は、授業が終われば終了ということではない。研究協議会後、改善策を実践してはじめて終了となる。かつて校長として勤務した学校では、研究協議後、翌日の１時間目にリベンジ授業を入れていた。研究授業で納得できなかったことを再度チャレンジさせていた。やりながら修正していけばよいのである。そのため、**学習指導案は、７～８割の力で作成するように**助言をした。**前日の遅くまで指導案作成や、模擬授業を繰り返しさせることはしなかった。「一夜づけ」では、効果が出ない**ことが分かっていたからだ。教員一人年間５本位の授業を行っていた学校であった。校長として心掛けたことは、授業者を指導案作成疲れにしないようにしたことだ。少々指導案に課題があっても、複数回の研究授業で課題解決が図られればよしとしたからだ。

3　指導案作成の流れ（かつての勤務校時代に取り組んだ指導案作成手順）

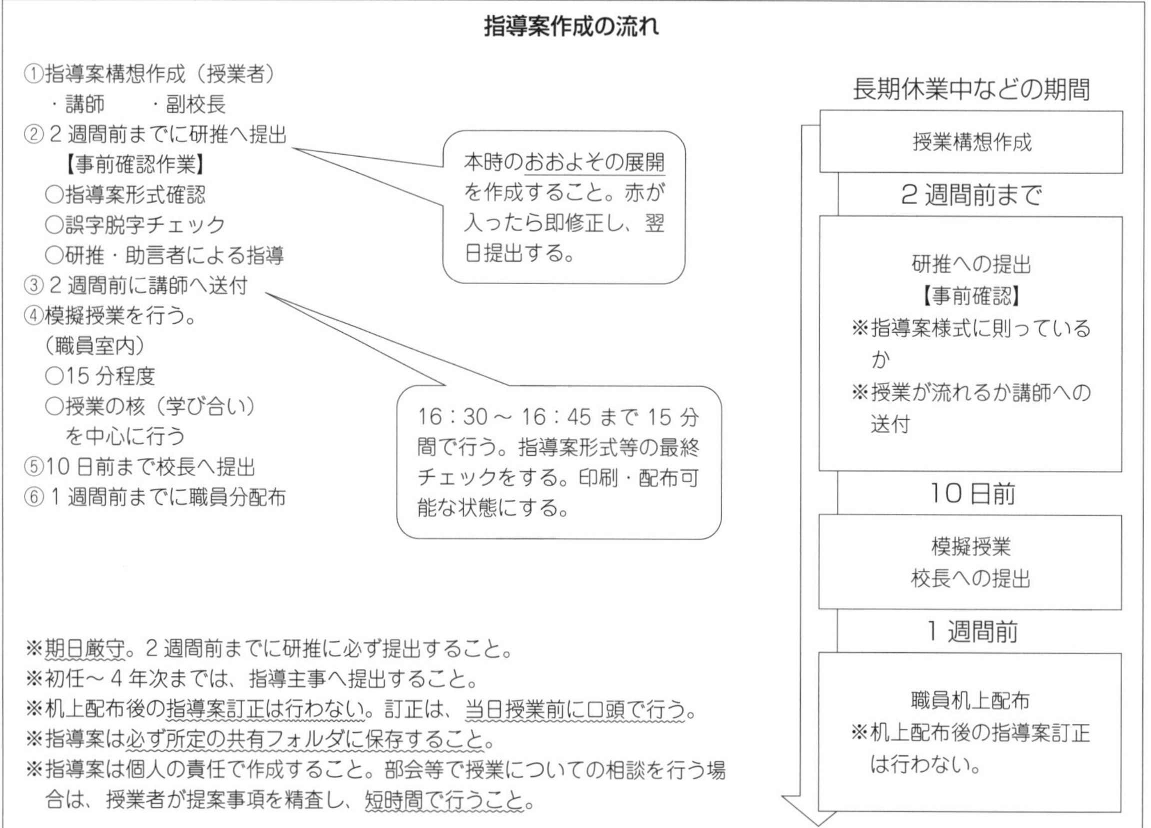

〈「授業備品」No.40「指導案作成疲れにならない」〉

1002　子どもの活動を中心とした指導案例

○○科授業の略々案（○学年）

月日（　　校時）	単元名・教材名	個人テーマ（算数科）
月　日（　） （　　　校時）		

前回の課題を受けて本時の改善点	
本時のねらい	
評価規準 知	（ 評価方法　発言・ノート ）

展開	学　習　活　動
問題の提示	□1．前時の振り返りをする 2．問題・資料の提示
問いをもつ （気付き）	□3．個人で疑問をもつ。 □4．本時の資料・問題を見て気付きを発表する 気付いたこと・考えられること・調べてみたいこと・単位・問題の解決方法 □5．課題解決の見通しが立つかをハンドサインで確認
課題の設定	□6．課題を確認（2段書、課題＋考察） □7．本時のシラバス・言語わざ・キーワードの確認
問いの共有 （見通し）	8．課題の解決方法、おおよその見通しを立てる
自力解決	□9．一人で課題を解決する
集団解決	□10．ペア学習をする（□9．班学習をする。） □11．全体の学び合い1「事実・単純な意見集約」　※課題1段落目 □12．全体の学び合い2「考察」　※課題2段落目・考察 □13．教師の修正を聞く
価値の共有	□14．自分の言葉でまとめたことをノートに記入し、全体でシェア、加除訂正。
振り返り （適用問題）	□15．振り返りを書く（文字数＋漢字数の指定） ①分かったこと　②学んだこと　③知りたいこと　＊キーワードを入れる □16．適用問題を解く

〈「授業備品」No.38「精華式略々案」〉

1003　指導案例

1　国語科

3年　国語科略々案　　（授業者　T教諭）

月日（校時）	単元名	教材名
1月20日（月） （4校時）	考えの進め方をとらえて、科学読み物をしょうかいしよう	ありの行列
本時の目標（7/11） ・「中」の（第6～第8段落）からせつ続語やしじ語を手がかりに、ウイルソンの研究をまとめよう。		
評価規準 読　接続語や指示語を手がかりに「研究したこと」、「研究結果」に分けてまとめることができている。 （　評価方法　対話・ノート　）		
本時のキーワード 研究、研究結果、せつ続語、しじ語、そこで、すると、この研究から、そして、そのため		

時間	展開		学　習　活　動　※☑をする	子どもの活動 学習リーダーの動きなど
0	見通しを立てる	問題の提示 気付き （問いをもつ）	☑1　前時の振り返りをする。 □2　本時の資料・問題を見て気付きを発表する。 気付いたこと・考えられること・調べてみたいこと	・ぶつぶつタイム
5	見通しを立てる	課題設定	☑3　課題を確認（2段書、課題＋考察） 「中」の（第6段落～第8段落）からウイルソンの研究を読み取りまとめよう。	・課題を書き、2回読む。 ・キーワード確認
7	見通しを立てる	見通し （問いの共有）	☑4　課題の解決方法、およその答えの見通しを立てる。 ☑内容（第6～第8段落を研究した事と研究結果に分ける） ☑方法（1. 接続語・指示語に○をする　2. 研究と研究結果に線を引き　3. 班でまとめる） ☑5　グーパーで課題解決の見通しが立つかを確認する。 ☑キーワードの確認、□アイテムの確認（算数） ☑言語わざの確認（本文の言葉をもとにせつ明する）	
15	解決活動	自力解決	☑6　一人で課題を解決する。 ※グー（分からない子）はパー（分かる子）に聞く。 （ヒントをもらう）	・ノートに線を引きまとめる
23	解決活動	集団解決	☑7　解決活動をする。 □　ペア学習　☑　班学習 □　その他（　　　　　） ☑8　全体の学び合い1「研究したこと、研究結果の交流」 研究したこと・・はたらきありの体のしくみについて 研究けっか・・体からにおいのあるえきを出し、道しるべとして地面に残す。 ☑9　全体の学び合い2「考察」「指示語や接続語をてがかりにすると読み取ることができる」 □10　教師の問いかけ（ねらいにせまるゆさぶり） ☑11　各自でノートをまとめる。進化（深化）タイム	・ホワイトボードに結果をまとめる。
31	まとめ	価値の共有 （まとめ）	☑12　文中の言葉を使ってまとめる。 接続語や指示語を手がかりにすると「研究したこと」、「研究結果」に分けて読み取ることができる。 □　まとめを発表する。	・ぶつぶつタイム
35 45	振り返り	振り返り	☑13　振り返りを書く。（ぶつぶつタイム） ①分かったこと　②友達から学んだこと ③もっと知りたいこと　④次にやってみたいこと	・ぶつぶつタイム

2　算数科

4年　算数科略々案　（授業者　M教諭）

月日（校時）	単元名	教材名
1月20日（月） （4校時）	小数のかけ算とわり算	小数のわり算

本時の目標（7/16）
　1/10の位までの小数を1位数でわる筆算の仕方を理解し、その計算ができる。

評価規準
【考】1/10の位までの小数を1位数でわる筆算の仕方を、既習の整数の除法の筆算を基に図や式を用いて考え、説明している。
【知】1/10の位までの小数を1位数でわる筆算について理解する。（　評価方法：ノート・発言　）

本時のキーワード
　図、数直線、商、わる数、わられる数、小数、小数点、整数、一の位、1/10の位、筆算

時間	展開		学　習　活　動　※☑をする	子どもの活動 学習リーダーの動きなど
0	見通しを立てる	振り返り 問題の提示 気付き （問いをもつ）	☑1　前時の振り返りをする。 ☑2　本時の問題を見て気付きを発表する。 気付いたこと・考えられること・調べてみたいこと ［水が7.2Lあります。この水を3等分すると、1人分は何Lになりますか。］ 同　・小数のわり算だから，計算の仕方は同じ。 ・分けた考え、0.1をもとにする考えが使える。 ち　・分けた考えでは7÷3はわりきれない。	・ぶつぶつタイム
5		課題設定	☑3　課題を確認（2段書、課題＋考察） ［7.2÷3の計算について考え、筆算の仕方につなげよう。］	・課題を書き、3回読む。
7		見通し （問いの共有）	☑4　課題の解決方法、およその答えの見通しを立てる。 ☑内容（既習事項を基に考え、説明する。） ☑方法（ミニホワイトボードに考えを書いてグループで説明し、筆算の考えにつなげる。） ☑5　グーパーで課題解決の見通しが立つかを確認する。 ☑キーワードの確認、□アイテムの確認 ☑言語わざの確認（つまりを使って説明する。）	・具体物も確認する。
10	解決活動	自力解決	☑6　一人で課題を解決する。 ※グーはパーの人やとなりの人に声をかける。 （ヒントをもらう）	・困っている児童のために、ヒントカードを用意しておく。
17		集団解決	☑7　解決活動をする。 □　ペア学習　□　班学習 ☑　その他（グループ学習） ☑8　全体の学び合い1「7.2÷3の計算について交流する」 ※ワールドカフェ方式：ぐるぐるタイム ☑9　全体の学び合い2　考察：「筆算の仕方を話し合う」 □10　教師の問いかけ（ねらいにせまるゆさぶり） ☑11　各自でノートをまとめる。進化（深化）タイム	・ホワイトボードや板書の図、ノートの図を使う ・課題の確認 ・キーワード確認
32	まとめ	価値の共有 （まとめ）	☑12　自分の言葉でまとめる。 ※キーワードを使ってまとめる ［7.2÷3の筆算の仕方は、①7.2の7を3でわる。②わられる数の小数点にそろえて、商の小数点をうつ。③1/10の位の2を下ろして、12を3でわる。］ ☑　まとめを発表する。	・ぶつぶつタイム
35 45	振り返り	振り返り	☑　練習問題を解く。（算数）※振り返りの後でもよい。 ☑13　振り返りを書く（見通しの有効性の検証） ①分かったこと　②友達から学んだこと ③もっと知りたいこと　④次にやってみたいこと	・自分で問題を選択する ・ぶつぶつタイム

3　社会科

6年　社会科略々案　（授業者　T教諭）

月日（校時）	単元名	教材名
1月20日（月） （5校時）	暮らしの中の政治	憲法と私たちの暮らし

本時の目標（6/7）
・投票率の変化などの資料をもとに現状や課題を話し合い、自分と政治とのかかわりについて考えを深めることができるようにする

評価規準
思　自分がこれから政治にどのようにかかわっていくかについて、根拠を明確にして考え、表現しようとしている。
（　評価方法　発言・ノート　）

本時のキーワード
国民主権　政治への参加　国民の義務　参政権　選挙権　年齢引き下げ　投票率　変化　年代別

時間	展開		学　習　活　動　※☑をする	子どもの活動 学習リーダーの動きなど
0	見通しを立てる	振り返り 問題の提示 気付き （問いをもつ）	☑1　前時の振り返りをする。 ☑2　本時の資料・問題を見て気付きを発表する。 気付いたこと・考えられること・調べてみたいこと 気　年々投票率は、低下している。 分　20代の投票率が最も低くなっている。 考　このような状態が続くと、将来どんな問題が起こるだろう。 どうして選挙権が20才から18才に引き下げられたのだろう。	・ぶつぶつタイム
5		課題設定	☑3　課題を確認（2段書、課題＋考察） 投票率の変化について調べ、自分がこれからどのように政治に参加していくべきかについて考え、話し合おう。	・課題を書き、3回読む。
7		見通し （問いの共有）	☑4　課題の解決方法、おおよその答えの見通しを立てる。 ☑内容（①投票率の変化などの資料をもとに現状や課題について話し合う。 ②政治への参加について自分の考えを出し合う。） ☑方法（自分の考えを短冊に書く。） ☑5　グーパーで課題解決の見通しが立つかを確認する。 ☑キーワードの確認、☑アイテムの確認 ☑言語わざの確認 （キーワードや資料を使って自分の考えを説明する。）	
15	解決活動	自力解決	☑6　一人で課題を解決する。 ※グーはパーの人やとなりの人に声をかける。 （ヒントをもらう）	
23		集団解決	☑7　解決活動をする。 ☐　ペア学習　☑　班学習 ☑　その他（6つのグループで話し合う） ☑8　全体の学び合い1「事実・単純な意見集約」 「投票率の変化などの資料をもとに現状や課題について」 ☑9　全体の学び合い2「考察」 「政治への参加について自分の考えを交流」 ☑10　教師の問いかけ（ねらいにせまるゆさぶり） ☑11　各自でノートをまとめる。進化（深化）タイム	・話し合う。 ・課題の確認 ・キーワード確認
31	まとめ	価値の共有 （まとめ）	☑12　自分の言葉でまとめる。根拠を明確にする。 ※キーワードを使ってまとめる 年々若い世代の投票率が低くなっているが、若い年齢から私たち国民が政治に参加していくことが大切である。 理由は、・・・・・・・・・。	・ぶつぶつタイム
35 45	振り返り	振り返り	☑13　振り返りを書く。（ぶつぶつタイム） ①分かったこと　②友達から学んだこと ③もっと知りたいこと　④次にやってみたいこと	・ぶつぶつタイム

4　理科

4 年　理科略々案　　（授業者　S 教諭）

月日（校時）	単元名・教材名	個人テーマ（理科）
5 月 13 日（月） （3 校時）	天気と気温	児童がキーワードをもとにしてまとめを書けるようにする。

前回の課題（本学級）を受けて　本時の改善点

冬と比べて生き物のようすについて違いを話し合ったことを板書したが、考察をもとにして自力解決ではなく、一斉で話し合ってまとめを行った。今回は、自力でまとめられるように展開していく。

本時の目標

生活体験や教科書の写真をもとに、天気と気温にはどのような関係があるかを話し合い、興味・関心をもって学習問題を設定したり、研究する見通しをもったりする。また、全単元で学んだ気温の測り方を振り返る。

評価規準

天気による 1 日の気温の変化の仕方の違いに興味・関心をもち、進んでその変化を調べようとしている。

興・関・態（　評価方法　発言・ノート）

本時のキーワード

天気と気温の関係、気温のかわり方、ちがい

時間	展開		学　習　活　動　※☑をする	子どもの活動 学習リーダーの動きなど
0	見通しを立てる	問題の提示 気付き （問いをもつ）	□1　前時の振り返りをする。 □2　本時の資料・問題を見て気付きを発表する。 気付いたこと・考えられること・調べてみたいこと 気温のちがいは天気と関わりがあるのだろうか。	・ぶつぶつタイム
		課題設定	□3　課題を確認（2 段書、課題＋考察） 気温は 1 日のうちでどのように変わるのか予想を立てたり、気温と天気との関係について調べ方を考えたりして、学習計画を立てよう。	
		見通し （問いの共有）	□4　問題の解決方法、およその答えを確認する。 □　ペア　　□　班 □5　課題解決の見通しが立つかを確認する。 見通しの方法 ・晴れの日とくもりの日の朝や昼についての服装 ・肌寒いか暑いかなど感じた様子 □キーワードの確認、□アイテムの確認（算数） □本時のシラバスの確認、□言語わざの確認	
	解決活動	自力解決	□6　一人で課題を解決する。※グーはパーに聞く。（ヒントをもらう）	
		集団解決	□7　ペア学習をする。 □　班学習をする。 □8　全体の学び合い 1「事実・単純な意見集約」 ※課題 1 段落目 □9　全体の学び合い 2「考察」※課題 2 段落目・考察 □10　教師の修正を聞く。（必要に応じて） □11　各自でノートをまとめる。進化（深化）タイム	・ホワイトボード等
	まとめ	価値の共有 （まとめ）	□12　天気と気温の調べていくのか、自分の言葉でまとめる。 ※キーワードを使ってまとめる 天気によって、1 日の気温のかわり方にどのようなちがいがあるのか調べて、天気と気温の関係を調べる。 □　まとめを発表する。	・ぶつぶつタイム
45	振り返り	振り返り	□13　振り返りを書く。（ぶつぶつタイム） ①分かったこと　②友達から学んだこと ③もっと知りたいこと　④次にやってみたいこと	・ぶつぶつタイム

〈「授業備品」No.102「新略々案（気づき・見通しに注目（学習内容・学習方法・キーワード）に注目」〉

第 11 章

ピクトグラム指導案

1101　ピクトグラム活用

子どもたちに主体的な学び、対話的な学び、深い学びを促すツールとして「ピクトグラム」が注目される。どのような活動を行っていけばよいかを視覚的に示すことができるため、指導案にも板書にも活用でき、教師たちにも子どもたちにも共通認識をもって授業を進めることができる。自校で独自に開発し、少しずつ増やしていくこもと可能だ。何よりも、こうした工夫一つで、子どもたち全員が活躍する授業となることが期待できる。

独立行政法人教職員支援機構が作成したピクトグラムを以下に紹介する。

「主体的・対話的で深い学び」の姿（ピクトグラム）

○新学習指導要領に示された指導事項を確実に育成するため、主体的・対話的で深い学びの実現に向けた授業改善について理解し、今後の学習指導の充実を図ることを目的として作成した。

○ピクトグラムは、独立行政法人教職員支援機構主催の次世代型教育推進セミナーで示されたもので、主体的・対話的で深い学びにより実現したい子どもの姿をイメージとして表したものである。ただし、全ての姿を表現したものではない。

（独立行政教育法人教職員支援機構）

1　ピクトグラム一覧（独立行政法人教職員支援機構）

主体的な学び	対話的な学び	深い学び
興味や関心を高める	互いの考えを比較する	思考して問い続ける
見通しを持つ	多様な情報を収集する	知識・技能を習得する
自分と結び付ける	思考を表現に置き換える	知識・技能を活用する
粘り強く取り組む	多様な手段で説明する	自分の思いや考えと結び付ける
振り返って次へつなげる	先哲の考え方を手掛かりとする	知識や技能を概念化する
	共に考えを創り上げる	自分の考えを形成する
	協働して課題解決する	新たなものを創り上げる

2　ピクトグラムを活用した指導案（例）

（1）目標

①グループの課題を見つけ、改善策を考える。（思考・判断・表現）

②交流などの話合いに参加し、積極的に取り組もうとしている。（主体的に取り組む態度）

（2）展開

<table>
<tr><th>過程</th><th>生徒の活動</th><th>教師の活動</th><th>評価・指導の重点</th></tr>
<tr><td>導入
10分</td><td>・ウォーミングアップ
（縄跳び）
・前回の振り返り
・本時の課題（テーマ）などの確認

～テーマ～
グループの課題を見つけ、改善策を考えよう</td><td>・発問を繰り返し、「前回の振り返り」「本時の内容」「今日のテーマ」「時間配分」を確認していく。</td><td>※生徒から出てきた言葉を活用しながらホワイトボードに記入していく。</td></tr>
<tr><td></td><td>◇展開①
・前時までのダンスをグループで練習する。

◇展開②
・ダンスを披露する。
・互いのダンスを見て、良かった点や課題点をワークシートに記入する
・互いにアドバイスし合う。

◇展開③
・指摘された課題点の改善策（今後、重点的に練習するポイントなど）をグループで確認する。

～まとめ～
グループの課題は●●であり、▲▲を意識して練習していく
※グループで「今後の練習課題」が違うため、「まとめ」の内容は生徒自身で記入していく。</td><td>・巡回し、必要ならばアドバイスをする。

・ワークシートが記入できていない生徒への声かけをする。

・記入できた生徒の中から何名かに発表させる。</td><td>※キーワード（リズム、同調、動きの大きさ、笑顔、明るさ）を提示し、着目点を与える。
※アドバイスされた側は、何らかのリアクション（うなずきなど）をするよう促す。

評価
グループの課題への改善策（今後、気を付けるべきポイントなど）を考えることができたか。
支援を要する生徒への手立て
どんなアドバイスがあったのかを確認させ、次回頑張ることを意識させる。
※良かった点をもっと高めていく（伸ばしていく）という視点にも着目させる。</td></tr>
<tr><td>まとめ
5分</td><td>・振り返りシートの記入
（個人）

・次回の授業確認</td><td>・振り返りシートに「学習内容」「今日の成果や課題点」「次回に向けて」などを記入させる。</td><td></td></tr>
</table>

３ 「ピクトグラム」作成の視点

主体的・対話的で深い学びを感覚ではなく、誰にもわかる形で明示したい。そこで、以下のような活動を必要に応じイラスト化し、ピクトグラムとしてはどうだろうか。取り組む内容は、毎年変えてみてもよい。

子どもの　主体的な学び	子ども同士の　対話的な学び	子ども同士の　深い学び
・教科リーダーの進行 ・教師が出る場面と教科委員ができることを分ける ・ペアでの気付き ・既習事項と関連させながら、個人思考 ・仲間に聞く ・仲間に教える ・ぶらぶらタイム ・ぶつぶつタイム ・本時の流れの共有 ・課題の３回読み ・学習の流れをイメージできる黒板 ・キーワードと孫カード ・見通し（学習方法・学習内容） ・短冊 ・理由を書いてから式・答えを書く ・本時でつけるべき力 ・ホワイトボードの全員書き ・大ホワイトボード、マナーボード、短冊、ICT ・友達の多様な意見や考えを聞いて修正	・本時の目当てに沿ったペア・班・全体・相互の話し合いの一連の流れ ・自力解決をする前に、常にペアで解決のためのヒントを出し合う ・見通しをペアで相談 ・グーパー確認 ・班活動（ノートを見せながら伝えながらの情報交換タイム） ・班での話し合いの仕方と手順 ・友達と自分の意見の比較・違いの発見 ・班で付箋紙のカテゴリー分け ・班で付箋紙のグループでの構造化 ・ホワイトボードに全員が意見を書き、対話をする中で班としてのキーワード（意見）を見つける ・ホワイトボードを班でまとめる ・ワールドカフェ ・問題解決 ・全体学び ・友達の意見に反応・同調して課題を言う（だって、でも等、友達の意見に対して意見を言う） ・教師が数分いなくなる（黒板の前から離れる）	・つぶやきを中心の深い学び ・同じところ、にているところ、違うところを見つける ・ゼミ方式での考察 ・各グループで読みっとった意図を新たな短冊にして、黒板でカテゴリー分けと構造化 ・課題解決 ・３色マーカーを使った考察 ・ホワイトボードを班でまとめる グループ代表が話を繋ぐ ・「つまり」を使った考察 ・まとめを自分の言葉で書く。キーワードと関連付ける。 ・思考ツールを使ったまとめ ・振り返りの、わかったこと、新たにやってみたいこと、気が付いたことの３視点 ・セルフ授業 ・ミニ授業反省会 ・つけるべき力の掲示 ・教師の出る場面をはっきりさせる（見通し・考察） ・教材開発・教科の本質の追究

〈「授業備品」No.172「子どもが主体的・対話的で深い学びの具体策」ピクトグラム１〉

4 学校で独自に作成したピクトグラム例

(1) 授業の前に

学習リーダー２人

キーワードの作成

(2) めあて（学習課題の設定）

思考・判断・表現型

問いかけ調

知識・理解

(3) 見通し

見通し１

見通し２

見通し３

(4) 自力解決

ヒントカード（孫カード）

解答の仕方

ペア（支え合い）

(5) 情報交換（学び合い１）

ペア学習

グループ学習

情報交換タイム

ワールドカフェ

ぶらぶらタイム

タブレット

(6) 考察（学び合い２）

３色マーカー形式

ゼミナール形式

学習課題３度の旅

つまり

(7) まとめ

まとめ

(8) 振り返り

振り返り

〈「授業備品」No.177「ピクトグラム荒尾版３」〉

1102　ピクトグラムを活用した指導案例

令和４年度　　算数科　学習活動案（授業の指導略案）　〔第３学年　授業者　Ｔ教諭〕

月日（校時）	単元名・教材名	時数	教科書等
○月○日（○） （3 校時）	三角形を調べよう	4/8	p.79 ～ 83

本時の目標
二等辺三角形や正三角形の作図の仕方を、円の性質を用いて考え、説明することができる。

評価規準
思・表・判　図形を構成する要素に着目し、図形の構成の仕方を考えるとともに、基本的な図形の性質について考え、説明している。（　評価方法　発言・ノート　）

本時のキーワード
三角形、二等辺三角形、正三角形、辺の長さ、円の半径、円の中心

時間	展開		学　習　活　動　※☑をする	子どもの活動 学習リーダーの動きなど
0	見通しを立てる	問題の提示	□1　前時の振り返りをする。 □2　本時の資料・問題を見て気付きを発表する。 気付いたこと・考えられること・調べてみたいこと ㊎半径 3cm の円のまわりに２つの点を決め、中心のアの点とむすんでできる三角形はどんな形？	・ペアでキーワードの振り返り
3		問いの共有	□3　問題の解決方法、およその答えを確認する。 □ペア　□班	
5		課題設定	□4　課題を確認 ㊁円のまわりの２つの点と中心をむすんでできる三角形について説明しよう。 □5　課題解決の予想が立つかを確認する。 見通しの方法 ・三角形を書いて、特徴（辺の長さ）を調べる。 □キーワードの確認、□アイテムの確認（算数） □本時のシラバスの確認、□言語わざの確認	
15	解決活動	自力解決	□6　一人で課題を解決する。 ※グーはパーに聞く。（ヒントをもらう）	
20		集団解決	□7　ペア学習をする。 □　班学習をする。 □8　全体の学び合い１「事実・単純な意見集約」 ※課題１段落目 □9　全体の学び合い２「考察」※課題２段落目・考察 □10　教師の修正を聞く。（必要に応じて） □11　各自でノートをまとめる。進化（深化）タイム	・３色マーカーの後、タブレットで気付いたことをまとめる
35	まとめ	価値の共有（まとめ）	□12　自分の言葉でまとめる。 ※キーワードを使ってまとめる ㋮円のまわりの２つの点と中心をむすんでできる三角形は、二等辺三角形。なぜなら、円は半径の長さが同じだから、２つの辺の長さが等しくなる。２つの点を結んだ辺の長さを円の半径と同じ長さにすると、３つの辺の長さが等しくなるので、正三角形になる。 □　まとめを発表する。	・まとめを見て追加修正させる
45	振り返り	振り返り	□　適用問題を解く。（算数）※振り返りの後でもよい。 □13　振り返りを書く。（ぶつぶつタイム） ①分かったこと　②友達から学んだこと ③もっと知りたいこと　④次にやってみたいこと	

学習指導要領解説（p.158）　図形（1）二等辺三角形、正三角形などの図形　＊裏面に板書を添付

〈「授業備品」No.179「令和４年高知県津野町版ピクトグラム指導案５」〉

社会科　学習活動案

<table>
<tr><td>月日（校時）</td><td colspan="2">単元名</td><td>教材名</td></tr>
<tr><td>○月○日（○）（3 校時）</td><td colspan="2">未来を支える食料生産</td><td>水産業のさかんな地域</td></tr>
<tr><td colspan="4">本時のねらい（本時　2/9 時間）
○　北海道・根室のさんま漁の様子に着目して、どのようにして漁師さんが漁をしているかについて読み取ることができるようにする。</td></tr>
<tr><td colspan="4">評価規準
知・技　を使い、長年の経験を生かしながらさんま漁をしていることを資料などから読み取ることができている。（発言・ノート）</td></tr>
<tr><td>学習課程</td><td colspan="2">学習活動（○発問・予想される児童の反応）</td><td>留意事項・評価</td></tr>
<tr><td>【導入】
10：20</td><td colspan="2">○前の時間のまとめ・振り返りをペアで伝え合う。
・日本の近海には、暖流や寒流が流れていて、大陸棚が広がっているため、良い漁場となっている。</td><td>・前時の学習の振り返りをさせる。</td></tr>
<tr><td>【展開】
問題提示
10：22

課題把握
10：25
・シラバス
・言語わざ
問いの共有
・見通し

10：30
解決活動
・1 人学び

集団解決
・越知ゼミ
・学び合い
10：35

・考察
10：50

・考察の考察
まとめ
10：55</td><td colspan="2">1　資料を見て、気付きを発表し合う。
○資料を見て、気付いたこと・分かることを発表しましょう。
気　たくさんの人であみを引いている。
分　ライトがついていて、多くの魚があみに入っている。
　　一番右はしの漁師さんは、丸い筒のようなもので魚を取っている。
2　課題を把握する。
さんま漁はどのような方法で行われているだろうか。
めあて ～だろうか？
3　見通しを立てる。
内容（①さんま漁がどのように行われているのか調べ、話し合う。
方法（教科書、資料集、社会科辞典を使って調べ、短冊にまとめる。）
4　さんま漁がどのように行われているか、具体的な内容について調べる。
○どのようにさんま漁が行われているかについて、
教科者や資料集を使って調べましょう。
5　漁師さんの漁の様子について意見を出し合う。
○調べたことや考えたことを短冊に書きましょう。
6　短冊を各グループのホワイトボードに貼り、話し合う。
○短冊を分類し、考えたことについて考察をしましょう。
・さんま漁は、さんまの光に集まる習性をいかした漁の方法で行っている。
○各グループの考察を見て、今日の学習の考察をしましょう。
さんま漁は、漁師さんたちが様々な漁船の設備を使って行っている。また、漁師さんの長年の経験を生かした「がん」も大切になっている。</td><td>・ペアで資料を見て、気付きを話し合い、さんま漁について分かったことや考えられることを話し合うようにする。

・教科書や社会科資料集のページ、調べる方法も確かめる。

・調べたことを伝え合い、一人一人短冊にまとめさせる。

・6 グループに分かれて短冊の内容を分類し、考察まで話し合う。

知・技　漁師さんたちが様々な漁船の設備を使い、長年の経験を生かしながらさんま漁をしていることを資料などから読み取ることができている。（発言・ノート）</td></tr>
<tr><td>【終末】
振り返り
11：00</td><td colspan="2">7　学習したことを振り返る。
①分かったこと　②疑問に思ったこと　③友達から学んだこと
④もっと知りたいこと　⑤今後に生かしたいこと</td><td></td></tr>
</table>

〈「授業備品」No.180「ピクトグラム指導案（例）6」〉

第 12 章

授業研究・校内研修

1201　校内研修再確認

1　教師にとっても最も大切で困難なことは、「教えない」こと

これまでの授業過程は「教師が発問→子どもたちに考えさせ意見を出させる→教師がまとめる」。教師がこだわる教師主体の授業だ。これからは、「目標を子どもたちが共有→子どもたちによる解決の見通しと計画→子どもたちによる振り返る授業」。**子どもの学びの活動に教師が入る余地などない。**

2　校内研究であるという意識

教科に強い教師の育成を目指しているのではない。だから校内研究が教科を理解している教師の独壇場であってはならない。全教師の授業力の向上を目指すのが校内研究だ。個人研究の場ではない。

①同じ指導方法にこだわる

授業における指導を共有しよう。小道具（グッズ）、問題解決過程、板書、ノート指導、見通しの指導等、共通点を持てば、お互いの授業を見たときに自分だったらこうしようと自分事に考える。これが校内研究だ。

②続く教師のために

今後、各学校に転入してくる教師の育成が課題となる。**授業の流儀を共通化しておけば、誰もが同じように新任や転任者に授業の進め方を伝えられる。入ってきた教師も、同じ研究仲間として教壇に立つことができる。**

③授業のユニバーサルデザイン

授業のユニバーサルデザインとは、全ての子どもに「ないと困る」「あると便利」な内容である。そして、「誰にも分かりやすく、どの教科・どの担任でも安心して授業に参加できる環境」のことである。

3　授業の場での再確認

①「付けたい力」を前面にした課題の設定

今までのように教師のリードで前時の振り返りから入るだけでなく、**本時の授業の目標や評価基準や単元全体の目的等を子どもたちと確認して課題設定を行う**とよい。教師のみぞ知る授業計画であってはならない。

②見通しの確認

子どもたちに授業の見通しができているかを確認することは極めて重要だ。見通しができているかを「グーパー」で意思表示をさせて確認するのとは必須である。これがアクティブ・ラーニングの入り口となる。これがないと、分かる子だけの授業となり、学習指導要領の趣旨にもそぐわなくなる。

③タイムマネジメント

チャイムがなっても終わらない授業。子どもたちのことを考えているだろうか。授業展開に問題や、教師がこだわり過ぎると時間オーバーの授業となる。決してよいことなどない。問題解決学習の授業過程の「まとめ」「振り返り」に時間を多くかけるとよい。そのためには、学習課題の設定をできるだけ短くする。

④学習リーダー（参考：北海道教育大学複式学級報告書）

ア　リーダー学習：学級の児童生徒を「学習リーダー」として、学習を進める方法である。

イ　学習リーダーの主な役割：①学習の流れに従って進行する、②簡単な事項について指名したり指示したりする、③一人学習やグループ学習などの時間設定をする、④グループ学習などで、意見や考えを整理する。

ウ　教師の適切な関わり

子どもたちが、**学習をするのは自分たちなので、「自分たちで授業を進め、自分たちで課題を解決する」という意欲を高めることが重要である。**教師は、課題の意識を高めたり、解決の見通しをもたせたり、個に応じた習熟問題を用意したりするなど、効果が出るように関わることが大切である。

〈「授業備品」No.51「校内研修再確認」〉

1202　子どもが参画する研究協議会

研究授業や研究協議会等を見直すと、子どもの存在を強く意識するようになる。どの学校でも行われている子ども抜きの教師だけの授業のシミュレーション、教師だけで話し合う研究協議会等は、このままでよいだろうか。ぜひ子どもも授業研究に参加させたい。これまで当たり前と思われた授業研究や研究協議会を見直す。

1　教師だけで行う研究協議会の問題点

多くの教師が研究授業を教材開発・授業展開・指導目標と評価の作成等を経て行うものと捉えてきた。授業者が考えた内容を同僚と吟味し、模擬授業等を経て本番の授業を行う。その後、研究協議会を済ませて終了という構図だ。こうした過程の中にある研究授業は、果たして有効であっただろうか。また、従来の研究協議会は、授業者を誉め合うことで終えることが多かった。発言者が偏り、若手教師が発言できないこともあった。課題について意見が出されても論点を絞りきれず、改善策を見出せないまま終えることもあった。それは、子ども抜きの教師の論理だけで研究授業や研究協議会を進める学校常識があったからだ。

学習指導要領の趣旨である子どもの主体的な学びは、教師だけの研究授業や研究協議会だけでは達成できない。学習指導要領が変われば、当然、授業運営や指導方法も変えなくてはならない。

2　子ども版の研究協議会

素晴らしい授業には共通点がある。授業づくりに子どもたちを参加させていることだ。ある授業で「先生が話す授業より、みんなで話し合う授業が楽しい」と発言をした子どもがいた。一人の授業運営者として意識をした言葉だ。こうした子どもの言葉の出るためには、**教師だけで創る授業ではなく子ども参加型の授業が必要だ。**

子ども参加型の授業を行うためには、子どもたちに授業に責任を持たせるとよい。教師は、子どもに任せる所は任せ、仲間で学び合いながら課題を解決していく。研究協議会も教師だけで話し合うのではなく、子ども自身が授業反省会を行う形も考えられる。子ども版の研究協議会だ。その具体的な取組み方法を紹介する。

①子どもたちが「成果・課題・改善策」を評価項目にして話し合う

②「アウトップトができたか、教え教えられる活動があったか、振り返りの記述ができたか」で話し合う

子どもたちが自分自身や学級全体で授業を振り返るので、改善策をすぐに実行することができる。教師は、子どもたちの授業反省会を参観することで、主体的に学ぶ子どもの姿を間近に見ることができる。教師と子どもが協働して授業を創り、それぞれが反省会を行う。私はこれは当たり前のことと思っている。子どもたちが授業反省会を行うので、教師だけの研究協議会は短時間で終えられる。話し合った内容は、次の日には研究授業を行った学級の子どもたちに公開する。その内容は次の通りだ。

①子ども向けに全教師がホワイトボードに授業の改善点をメッセージとして書く

②従来の教師だけで話し合った内容をホワイトボードに記入し公開をする

教師の改善策を書いた付箋等を子どもに公開すれば、こどもにとっての励ましになろう。教師が子どもたちの授業反省会を観て、子どもたちは教師の研究協議会の内容を知る。双方向的な協議会ができれば、授業改善はかなり図られる。学習指導要領に記載された「自主的」「自発的」の文言を大事にするならば、教師だけの研究授業や研究協議会を見直す時期ではないだろうか。

〈「授業備品」No.42「子ども版の授業反省会」〉

1203　子どもの主体的な動きを観る授業評価

1　教師側からの授業評価だけでは、授業は変わらない！

今次学習指導要領の柱は、「子どもが主体的な授業、子ども同士の対話的な授業、子ども同士の深く学ぶ授業」である。授業の主体は確実に教師から子ども中心となる。だが、そうではない授業も続いている。原因は、**現状の授業評価が教師の動きに視点を当てた評価となっている**からだ。また、今次学習指導要領の総則に記述されている「見通し」「振り返り」「問題解決的な学習」「言語活動」「学び合い」などが評価されておらず、子どもの学び方を育成する授業につながっていない。従来の授業評価項目は次の通りである。

①子どもの学習状況を把握し、適切に対応している
②目標を達成するために、教材や教具が適切に使用されている
③目標が明確になっており、学習形態や展開を工夫している
④発問や説明が、児童生徒の理解や思考のために効果的に行われている
⑤板書が構造的で、児童生徒の理解や思考のために効果的である
⑥学習環境が整えられている
⑦教材研究されており、専門的な知識を習得させている

こうした評価項目は、教師だけの評価であり、それも感覚的、主観的、恣意的になりがちな評価項目だ。そこで、教師の指導方法のみを観る授業評価ではなく、**学習の主体者である子ども自身が自らを評価する方法を行うとよい。**そのヒントは、「平成29年度全国学力・学習状況調査　質問紙の項目」にある。

◆平成29年度全国学力・学習状況調査　質問紙の項目（（　）内の数字は、小学校の質問紙の番号）

○子どもが主体的に学ぶための評価項目

①先生から示される課題や、学級やグループの中で、自分たちで立てた課題に対して、自ら考え、自分から取り組んでいたと思いますか（55）
②授業では、学級やグループの中で自分たちで課題を立てて、その解決に向けて情報を集め、話し合いながら整理して、発表するなどの学習活動に取り組んでいたと思いますか（58）
③友達の前で自分の考えや意見を発表することは得意ですか（7）
④意見などを発表するとき、うまく伝わるように話の組立てを工夫していますか（75）
⑤友達と話し合うとき、友達の話や意見を最後まで聞くことができますか（8）
⑥友達と話し合うとき、友達の考えを受け止めて、自分の考えを持つことができていますか（9）
⑦ノートには、学習の目標（めあて・ねらい）とまとめを書いていたと思いますか（63）
⑧自分の考えを話したり書いたりしていますか（74）
⑨自分の考えを書くとき、考えの理由が分かるように気を付けて書いてますか（76）

○子ども同士が対話的に学ぶための評価項目

⑩授業で、学級の友達との間で話し合う活動では、話し合う内容を理解して、相手の考えを最後まで聞き、自分の考えをしっかり伝えていたと思いますか（59）
⑪学級やグループの中で自分たちで課題を立てて、その解決に向けて情報を集め、話し合いながら整理して、発表するなどの学習活動に取り組んでいたと思いますか（58）
⑫学級の友達との間で話し合う活動をよく行っていましたか（57）

○子どもが深く学ぶための評価項目

⑬自分の考えを深めたり、学級やグループで話し合ったりする活動に取り組んでいたと思いますか（64）
⑭学級の友達との間で話し合う活動を通じて自分の考えを深めたり広げたりできていると思いますか。（68）
⑮授業の最後に学習内容を振り返る活動をよく行っていたと思いますか（62）
⑯ 400 字詰め原稿用紙 2 ～ 3 枚の感想文や説明文を書くことは難しいと思いますか（66）
⑰授業などで、自分の考えを他の人に説明したり、文章に書いたりすることは難しいと思いますか（67）

これらは子どもが主体的・対話的で深く学ぶための評価項目であり、教師主体の評価項目とは真逆となっているのが分かる。

○平成 29 年度全国学力・学習状況調査　質問紙（学校質問紙と学力のクロス分析）

○以下と回答している学校の方が、教科の平均正答率が高い傾向が見られる。
・児童生徒は学級やグループでの話合いなどの活動で、自分の考えを相手にしっかりと伝えることができている
・児童生徒は学級やグループでの話合いなどの活動で、自分の考えを深めたり、広げたりすることができている
・児童生徒は自らが設定する課題や教員から設定される課題を理解して授業に取り組むことができていると思う
・児童生徒に対して、習得・活用及び探究の学習過程を見通した指導方法の改善及び工夫をした
・児童生徒に対して、各教科等の指導のねらいを明確にした上で、言語活動を適切に位置付けた
・児童生徒に対して、学級やグループで話し合う活動を授業などで行った
・児童生徒に対して、課題の設定からまとめ・表現に至る探究の過程を意識した指導をした
・児童生徒自ら学級やグループで課題を設定し、その解決に向けて話し合い、まとめ、表現するなどの学習活動を取り入れた

2　これからの授業評価方法

子どもの「主体的・対話的で深い学び」を授業評価としたい。そこで評価方法を以下のように、子どもが参画するように変えるとよい。

①**子ども自身によるミニ授業反省会**、評価項目は下記の項目を選んで学級で評価を行う
②教師による授業評価反省会、できれば子どもの授業評価項目との連動を図る
③**子どもと教師と双方向の反省を大切にするために、教師が子どもへの授業評価のメッセージを贈る**

(3) 子どもの主体的な動きを観る授業評価

①子どものミニ授業反省会での授業評価項目例 1（適宜、評価項目を選ぶ）

学習過程	授　業　評　価　項　目　　　（　）は質問紙の項目
問いをもつ	1　課題を解くための考えを自分なりにもつことができる（55） 2　課題（資料）を読み、ペアで自分の問いを話すことができる（74）
問いの共有	3　課題解決に向けて見通しを立てることができる（55） 4　課題解決に向けて情報を集め、話し合いながら学習活動に取り組んでいる（58）
課題設定	5　子どもが自ら学級全体で課題を設定することができる（クロス） 6　各教科のねらいをつかむことができる（クロス）
自力解決	7　課題に対して、自ら考え、自分から取り組んでいると思う（55） 8　自分の考えを書くとき、考えの理由が分かるように気を付けて書いている（クロス）
集団解決グループ	9　グループで話し合いながら整理して発表するなどの学習活動に取り組んでいたと思う（58） 10　自分の考えを他の人に説明したり、文章（ホワイトボード）に書いたりしている（67）
集団解決全体 1	11　全体意見発表で自分の考えや意見を発表することができる（7） 12　話し合う内容を理解して、相手の考えを最後まで聞き、自分の考えをしっかり伝えている（クロス）
集団解決全体 2	13　自分の考えを深めたり、広げたりする（考察）ができる（68） 14　友達と話し合うとき、友達の考えを受け止めて、自分の考えを持つことができる（9）
まとめ	15　ノートにまとめを書いている（63） 16　自分の考えを書くとき、考えの理由（キーワード）が分かるように書いている（67）
振り返り	17　授業の最後に学習内容を振り返る活動を行っている（62） 18　自分の考えを書くとき、考えの理由が分かるように気を付けている（76）

②授業評価項目例２

「今日の良かったところはありますか」「今日の課題はありましたか」「こうしたらという改善策はありませんか」

③授業評価項目例３

「アウトプットができました」「教え教えられる活動がありましたか」「振り返りの記述をしましたか」

〈「授業備品」No.53「教師の動きを観る授業評価から、子どもの主体的な動きを観る授業評価への転換」〉

1204　子どもが参画した授業反省会の手順

子どもが参画した授業反省会の手順を具体的に見ていこう。ここに記したミニ授業反省会は、その後に行われる教師の授業評価会（研究協議会）にも活かされる。

1　子どもだけのミニ授業反省会

「今日の良かったところはありますか」「今日の課題はありましたか」「こうしたらという改善策はありませんか」の３点で話し合う。

2　子どもと教師が一緒に授業評価（学習リーダーの台本（高知県津野町立精華小学校））

ア　開始と反省タイムの流れを提示

学習リーダー（以下「リ」）:「今から、わたしたちが勉強をした授業についての「反省タイム」をします。先生方も一緒にお願いします」「反省タイムのシラバスです」（反省タイムの流れを提示）

［提示したシラバス］付箋に反省を書く（３分）／よかったところの発表（３分）／直すところの発表（３分）／質問コーナー（１分）／反省タイムのまとめ（１分）

リ：(付箋の書き方の説明）「書き方の説明をします」「ピンクの付箋には、特によかったところを１つ書いてください」「青色付箋には、直すところと直し方を１つ書いてください」「名前も書いてください」「書くことがないと思わないで、どんなに小さなことでも書いてください」

イ　付箋に反省を書く　リ：「書く時間は、３分です」「用意スタート」

ウ　よかったところの発表　リ：「よかったところを発表してもらいます」（タイマー３分セット・スタート）

リ：「はじめに、○年生の５人が、よかったところを発表してください」「発表した人と同じ人は付箋を前のホワイトボードに貼ってください。先生方も貼ってください」「ほかにありませんか」（○年生が５人ぐらい発表したら）「先生方からも、よかったことを発表してください」

エ　直すところと直し方の発表　リ:「次に直したらよいところを発表してください」（タイマー３分セット）「はじめに、○年生の５人が、直すところと直し方を発表してください」「発表した人と同じ人は、付箋を前のホワイトボードに貼ってください。先生方も貼ってください」「ほかにありませんか」（○年生が５人ぐらい発表したら）「先生方からも、直したらよいところを発表してください」

オ　質問コーナー　リ：「今までのところで、質問はありませんか」「みなさん、ありがとうございました」

カ　まとめ　（タイマー１分セット・スタート）　リ：「反省タイムのまとめをします」

リ：「反省タイムをして思ったことは、○○です。ほかにも、○○です。これからも自分たちで、授業をつくっていきたいです」「これで、反省タイムを終わります」

3　教師だけの授業反省会

ア　一人付箋紙一枚（横10センチ×縦40センチ）に成果・改善策を記入し、KJ法で集約

短時間で終えることがポイント。付箋紙一枚を操作するため意見集約がしやすい。KJ法で大まかな教師の考えを集約し、最後に代案を話し合うとよい。なお、子どもたちへのメッセージ（褒めてアドアイス）を書く

イ　ホワイトボードに授業改善策を全員が書き、それを全員で共有し最後に代案を話し合う

ウ　ワールドカフェ方式（模造紙＋短冊１枚）で、最後に代案を話し合う

エ　従来型のワークショップで、最後に代案を話し合う

〈「授業備品」No.74「これからの授業評価（子供の主体的な授業評価）」〉

1205　子ども主体の授業改善チェックリスト

子どもの「主体的・対話的で深い学び」の授業づくりのための授業改善チェック項目を以下に示す。

	視　点	✓
主体的・対話的で深い学び	子どもの教科リーダーが、黒板のグッズ貼りや教材教具の準備をしていましたか。	
	子どもは、問題や資料から３視点（A、分・聞・前との違い、B（気・考・調）で気付きを言えましたか。	
	子どもの学習課題は、「問いかけ型（～なぜだろうか）、知識・技能型（～について知ろう）、思考・判断・表現（～について考えよう）、行動目標（～ができる）のいずれかでできましたか。	
	子どもが見通し３視点（学習内容・学習方法・アイテム）で見通しができていましたか。	
	子ども全員で学習課題を解けるかどうかのグーパーの確認をしましたか。	
	＊子どもが自力解決の時に、すぐに分からない仲間へ教えたり、聞きに行きましたか。	
	子どもがペア活動で自分の考えを伝えていましたか。	
	子ども全員が考えを班学習やゼミナール形式（10 人位）等で安心して自分の意見を言えましたか。	
	子どもが授業内容によって机の配置を工夫していましたか。	
	子どもが出た意見を「同・違・似」等に分けることができましたか。（班の中心者がまとめない）	
	子どもが仲間の意見に関連付けて自分の意見を発表できましたか。	
	子どもの発表はみんなの方を向いて行い、聞く人は、発表者の方を見ていましたか。	
	子ども全員が考えを出せるホワイトボード・短冊・付箋紙・タブレット等を使っていましたか。	
	＊子ども全員がアウトプットをすることができましたか。	
	子どもがまとめた内容は課題は一体となっていることに気付き、自分の言葉で書いていましたか。	
	子ども全員が振り返りを発表しましたか。（ぶつぶつタイム）	
	＊子どもは、見開き２ページのノートに自分の考えをしっかりと書いていましたか。	
	子どもが子ども協議会で成果や課題を出し合いましたか。教師は短時間で授業評価ができましたか。	
	子どもの教科リーダーが授業後の板書をデジカメに撮ったり、グッズや教材等を片付けましたか。	
	子どもが各教科等の「見方・考え方」を働かせる場面がありましたか。	

◇チェックリストの活用・留意点

上記の項目は、教師が授業の振り返る視点であると同時に、子ども自身が授業を振り返る視点ともなる。子どもが参画する授業研究協議会でも活用できる。なお、この項目のすべてが毎時間の授業で実現することを目指すものではない。

「主体的・対話的で深い学び」は、学習指導要領（下記参照）が示すように、教師が何を教えるか（主体は教師）から、子どもが何をどのように学ぶか（主体は子ども）への転換を求めている。そのため、研究授業等の評価項目も子ども側の視点に変えることで授業改善が図れるであろう。

> 教師による評価とともに，児童（生徒）による学習活動としての相互評価や自己評価などを工夫することも大切である。相互評価や自己評価は，児童（生徒）自身の学習意欲の向上にもつながることから重視する必要がある。
>
> 「（小・中学校）学習指導要領解説　総則編」学習評価の充実（1）指導の評価と改善（第１章第３の２の（1））

〈「授業備品」No.138「子ども側からの授業評価」〉

1206　子ども・教師相互の授業評価リスト

子どもによる授業評価の好事例（高知県Ａ小学校）を示したい。教師による授業評価と対になっており、より確かな授業分析を行うことができよう。項目については、各学校で工夫してみるとよい。

年　　月　　日

学しゅう　ふりかえりカード（1～3年）

名前（なまえ）〔　　　　　　　　　　〕（小学校低学年：児童用）

	こうもく	そう思う	やや そう思う	あまり 思わない	思わない
見とおし	1. かだいをとくために、見とおしを立てることができた。	4	3	2	1
自力かいけつ	2. かだいにして自分で考え、すすんでとりくんだ。	4	3	2	1
しゅうだんかいけつ（ペア・グループ）	3. 自分の考えをほかの人にせつめいしたり、文（ホワイトボード）に書いたりした。	4	3	2	1
	4. 友だちの考えのよいところをほめたり、アドバイスをした。	4	3	2	1
しゅうだんかいけつ（全体1）	5. 聞いている人の方をむいて、自分の考えやいけんをはっぴょうした。	4	3	2	1
しゅうだんかいけつ（全体2）	6. 自分のいけんと友だちのいけんの同じところやちがうところを見つけることができた。	4	3	2	1
まとめ	7. キーワードをつかってまとめを書いた。	4	3	2	1
ふりかえり	8. じゅぎょうのさいごに、学しゅうのふりかえりをした。	4	3	2	1

＊よかったところ・これからがんばっていきたいところ

実施日　　年　　月　　日

授業力向上評価シート

教科〔　　　　　〕授業者〔　　　　　先生〕（小学校低学年：授業者・参観者用）

	項目	そう思う	やや そう思う	あまり 思わない	思わない
見通し	1. 課題解決に向けて全員が見通しを立てることができている。	4	3	2	1
自力解決	2. 課題に対して、自ら考え、自分から取り組んでいる。	4	3	2	1
集団解決（ペア・グループ）	3. 自分の考えを他の人に説明したり、文章（ホワイトボード）に書いたりしている。	4	3	2	1
	4. 友達の考えのよさをほめたり、アドバイスをしている。	4	3	2	1
集団解決（全体 1）	5. 聞き手の方を向いて、自分の考えや意見を発表している。	4	3	2	1
集団解決（全体 2）	6. 自分の意見と友達の意見の同じところや違うところを見つけている。	4	3	2	1
まとめ	7. 自分の考えを書く時、キーワードを使ってまとめている。	4	3	2	1
振り返り	8. 授業の最後に学習内容を振り返る活動を行っている。（補充問題等を含む）	4	3	2	1

＊良かった点・課題点と解決方法案

年　月　日

学習　ふり返りカード（4～6年）

名前〔　　　　　　　　　　　　　　　　　　　〕（小学校高学年：児童用）

	項目	そう思う	やや そう思う	あまり 思わない	思わない
見通し	1. 課題解決に向けて見通しを立てることができた。	4	3	2	1
自力解決	2. 自分の考えを書く時、考えの理由が分かるように気をつけて書いた。	4	3	2	1
集団解決（ペア・グループ）	3. 自分の考えを他の人に説明したり、文章（ホワイトボード）に書いたりした。	4	3	2	1
	4. 友だちの考えのよさをほめたり、アドバイスをした。	4	3	2	1
集団解決（全体1）	5. 話し合う内容を考えて、相手の考えを最後まで聞き、自分の考えをしっかり伝えた。	4	3	2	1
集団解決（全体2）	6. 友だちと話し合う時、友だちの考えを受け止めて、自分の考えを深めることができた。	4	3	2	1
まとめ	7. 自分の考えを書く時、キーワードを使ってまとめを書いた。	4	3	2	1
ふり返り	8. 授業の最後に学習内容をふり返る活動を行った。	4	3	2	1

＊よかったところ・これからがんばっていきたいところ

実施日　　年　　月　　日

授業力向上評価シート

教科〔　　　　〕 授業者〔　　　　先生〕（小学校高学年：授業者・参観者用）

	項目	そう思う	やや そう思う	あまり 思わない	思わない
見通し	1. 課題解決に向けて全員が見通しを立てることができている。	4	3	2	1
自力解決	2. 自分の考えを書く時、考えの理由が分かるように気をつけて書けている。	4	3	2	1
集団解決（ペア・グループ）	3. 自分の考えを他の人に説明したり、文章（ホワイトボード）に書いたりしている。	4	3	2	1
	4. 友達の考えのよさをほめたり、アドバイスをしている。	4	3	2	1
集団解決（全体 1）	5. 話し合う内容を理解して、相手の考えを最後まで聞き、自分の考えをしっかり伝えている。	4	3	2	1
集団解決（全体 2）	6. 友達と話し合う時、友達の考えを受け止めて、自分の考えを深めている。	4	3	2	1
まとめ	7. 自分の考えを書く時、キーワードを使ってまとめている。	4	3	2	1
振り返り	8. 授業の最後に学習内容を振り返る活動を行っている。（練習問題等を含む）	4	3	2	1

＊良かった点・課題点と解決方法案

年　　月　　日

学習　振り返りカード

名前〔　　　　　　　　　　　　　　　　　　〕（中学校：生徒用）

	項目	そう思う	やや そう思う	あまり 思わない	思わない
見通し	1. 私は課題解決に向けて見通しを立てることができた。	4	3	2	1
自力解決	2. 私は課題（めあての達成）に対する自分の考えを書くとき、考えの理由が分かるように気をつけて書けた。	4	3	2	1
集団解決 （全体 1）	3. 私は話し合う内容を理解して、課題（めあて）を解決するために相手の考えを最後まで聞き、自分の考えをしっかり伝えた。	4	3	2	1
集団解決 （全体 2）	4. 私は友達と話し合う時、友達の考えを受け止めて、自分の考えを深めることができた。	4	3	2	1
まとめ	5. 私は課題に対して自分の考えを書くとき、キーワードを使ってまとめが書けた。	4	3	2	1
振り返り	6. 私は授業の最後に学習内容を振り返る活動（練習問題等）を行った。	4	3	2	1
ノート づくり	7. 私は授業の流れや思考の過程が分かるようなノートを作成できた。	4	3	2	1

＊今日の授業で自分が「良かった点」・「課題点と解決方法案」を書きましょう。

実施日　　年　　月　　日

授業力向上評価シート

教科〔　　　〕 授業者〔　　　　先生〕（中学校：授業者・参観者用）

	項目	そう思う	やや そう思う	あまり 思わない	思わない
見通し	1. 課題解決に向けて全員が見通しを立てることができている。	4	3	2	1
自力解決	2. 課題（めあての達成）に対する自分の考えを書くとき、考えの理由が分かるように気をつけて書けている。	4	3	2	1
集団解決（全体 1）	3. 話し合う内容を理解して、課題（めあて）を解決するために相手の考えを最後まで聞き、自分の考えをしっかり伝えている。	4	3	2	1
集団解決（全体 2）	4. 友達と話し合う時、友達の考えを受け止めて、自分の考えを深めている。	4	3	2	1
まとめ	5. 課題に対して自分の考えを書く時、キーワードを使ってまとめている。	4	3	2	1
振り返り	6. 授業の最後に学習内容を振り返る活動を行っている。（補充問題等を含む）	4	3	2	1
ノートづくり	7. 授業の流れや思考の過程が分かるノートになっている。	4	3	2	1

＊良かった点・課題点と解決方法案

〈「授業備品」No.62「子供の学びを評価する「授業評価項目」〉

1207　他人事から自分事の校内研修へ

1　全国学力・学習状況調査と連動する校内研修

学校訪問をして思うことは、**校内研修と全国学力・学習状況調査が連動していない**ことだ。もちろん、数値だけを上げることが学校の目的ではないし、テスト向けの指導は子ども中心の授業からは程遠い。しかし、授業評価との関連を考えれば、校内研修が活性化している学校は結果もよい。**調査結果は校内研修の充実のバロメーターと思いたい。**

2　校内研修が自分事になる手だて

他人事の校内研修とは…
・「研究授業のときだけ」の校内研修スタイルにし、一時的しのぎで授業を行う
・教科書を教えるだけの授業であり、子どもの学びの積み上げがない
・一部の子どもが挙手をして、教師が授業を進める方式から改善できない

こんな授業はしていないだろうか。これでは校内研修の活性化もおぼつかない。学習指導要領は大きく変わった。今こそ、研修と授業を一体的に充実させるときである。

校内研修の活性化（学校力の向上）

トップダウン ↓　　　ボトムアップ ↑

校長	=	決断力
副校長	=	機動力
教務主任	=	調整力
研究主任	=	推進力

(1) 日々の授業に校内研修の手立てを入れる

校内研究の成果が学力向上になかなか現れないことをよく聞く。なぜ現れないかは、校内研修が研究授業の１時間だけの取組みに終わっているからだ。また、講師の話を聞くことだけに終わっていないだろうか。大事なことは、校内研修の手立てを実践する場が日々の教育活動にあるという認識を全指導者がもつことだ。

(2) 目指す子ども像、身に付けさせたい力を育む授業を追い求める

日々の授業で目指す子ども像を実現する、身に付けさせたい力を育む授業の場とする。そのためには、校内研修で確認した目指す子ども像を追いかけることである。

4　各学年の横軸（学年部会）の組織を、縦軸の校内研究の組織（学年縦割り組織）へ変える

学年で模擬授業をして研究授業に臨む学校が多い。ここに課題がある。学年内だけで授業が完結し、他学年へとは研究内容が広がらないのだ。そこで、**縦軸の校内研修組織に変えることを提案したい。慣例的に行われてきた「学年部会」から、新たな「縦割り研究部会」へ転換する。**

①学年縦割りで授業研究グループを編成し、指導案検討を行う
②教師を子ども役として模擬授業を行う
③夕方の打ち合わせで各学年の部会で討議をする
④指導案の変更をしたものを配布する
⑤研究授業を実施する
⑥研究協議会の実施
⑦授業者の振り返り論文の記入

縦軸校内研修組織（新たな授業研究へ）

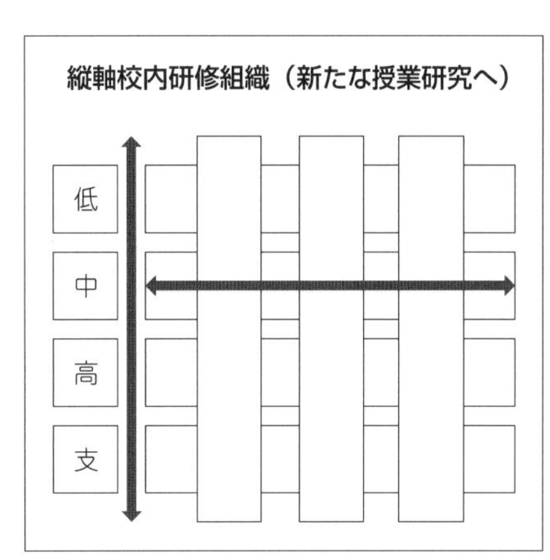

〈「授業備品」No.169「他人事から自分事の校内研修へ」〉

第 13 章

授業改革はじめの一歩

1301　みんなが主役の授業がみんなの心を包む

1　教科横断的な共通指導が子どもに安心感を生む

A中学校の生徒たちのことだ。小学校の入学した頃は、全員が多動といっても過言ではない状態であった。学年が進行しても、中々、成長が見えない状態が続く。担任も1年おきに代わり、その学級を維持するのが精一杯。だが、密かに子どもは必ず成長する日は来ると思っていた。現在、中学生になり、小学校の時とは違い、見違えるほど成長した。小学校の教師の努力もあるが、生徒を慈しみ包みこむような中学校の教師集団の中にいるので、子どもの笑顔は絶えない。その中学校を私なりに分析をしてみた。

まず、教師間の同一指導「学習スタンダード」が子どもたちの成長を助けていることは確かだ。**学習スタンダードは、全教室、全教科で行っているため、担任が代わっても子どもたちは学びに戸惑いがない。**ノートの使い方、学習過程、言語活動等、小中で同じ指導をしているため、子どもたちには優しい学びとなっている。

2「生徒指導３機能」と子ども主体の授業との関係

また、学習スタンダードが生徒指導3機能と連動していることも特徴だ。「生徒指導は、一人一人の児童生徒の個性の伸長を図りながら、同時に社会的な資質や能力・態度を育成し、さらに将来において社会的に自己実現ができるような資質・態度を形成していくための指導・援助であり、個々の児童生徒の自己指導能力の育成を目指すものです。そのために、日々の教育活動においては、①児童生徒に自己存在感を与えること、②共感的な人間関係を育成すること、③自己決定の場を与え自己の可能性の開発を援助することの3点に特に留意することが求められています」（文部科学省「生徒指導提要」平成10年）とある。学習スタンダードと連動した**生徒指導の３機能を生かした授業とは、①自己存在感を与える（全員がホワイトボードに意見を書く）、②共感的な人間関係（ペア・グループ・ゼミ形式）、③自己決定の場（振り返り）**等のことであろう。すなわち、子ども同士のつながりの深い学びである。

「自己存在感を与える」ためには、教師から授業の中で「よくできたね」「がんばっているね」など、承認や賞賛、励ましをするだけでなく、学ぶ仲間からの励ましが大事だ。毎時間の振り返りで、ペアでの「ほめてアドバイス」などが効果的である。

また、「共感的な人間関係を育成する」ために、教師がよい姿はほめ、好ましくない姿は毅然とした態度で一貫性のある指導等が考えられる。だが、共感的な人間関係は、教師と子どもとの関係だけではない。授業でどの子も自分の考えをホワイトボードやタブレットに書き、子ども同士がそれを認め合うような場面で共感的な人間関係は育成される。共感的な人間関係は子どもと子どもとの間で醸成されることを押さえておきたい。

さらに、「自己決定の場を与え、自己の可能性の開発を援助する」ことは、子どもが一人で調べたり、考えたりしながら本時の振り返りをまとめていく際に、本人なりにまとめたことを尊重することが大事だ。極端に言えば、まとめの内容が課題とつながっていなくてもよい。これまでは教師の黒板にまとめたことを全員が書き写すことが多かったが、それは本来のまとめとはいえない。これからは、子どもたちが自分で学び取ったことを「まとめ」とし、それは子どもそれぞれで内容が少々違ってもよい。

私たちが何気なく行ってきた一斉指導、「挙手・指名・発表」「教師と分かる子との一問一答」「班長が代表をして発表をする」といった教師主体の授業はもういい。時代は、子どもの主体的な授業を求めている。生徒指導3機能を生かした授業は、子どもの主体的な学びを実現するヒントとなろう。

生徒指導3機能は、「教師の3機能」、どの子も見捨てない（SDGs）、学習スタンダードで同じ指導（教科横断型）をする、教師同士が学び合うこと（チーム学校）とも連動している。

〈「授業備品」No.163「みんなが主役の授業がみんなの心を包む（生徒指導3機能）」〉

1302　授業づくりと生徒指導との連動

1　授業と生徒指導を一体として考える

子どもの問題行動に対して、生徒指導を行うことはごく自然なことだ。しかし、それだけでは、また別の問題が起きる。子どもの願いや期待に応えていないからだ。そこで学校生活で最も多くの時間を要している「授業」に注目し、その時間の中で子どもの自律性と社会性を高めるとよい。**生徒指導と連動する授業を行うことが重要**である。

前項でも述べたが、生徒指導と授業と連動した授業を行うためには、学級の基盤づくり（生徒指導の3機能による学級の基盤づくり）が大切である。生徒指導の3機能を生かした授業づくりとは、①**自己存在感を与える（見通し・自力解決）**　②**共感的な人間関係（ペア・グループ・ゼミ形式）**　③**自己決定の場（振り返り）**を与える等のある授業である。すなわち、子ども同士をつなげて学ばせる授業だ。

それには、まず子どもが安心して学べる「学びに向かう学習集団」でなければならない。授業において、子ども一人ひとりが自分の発言に対して仲間から意見や質問が返ってくる、自分の考えを受け止めてくれる環境等があることだ。そうした環境があれば、子どもの問題行動は出ない。授業の中で生徒指導を行うとよい。

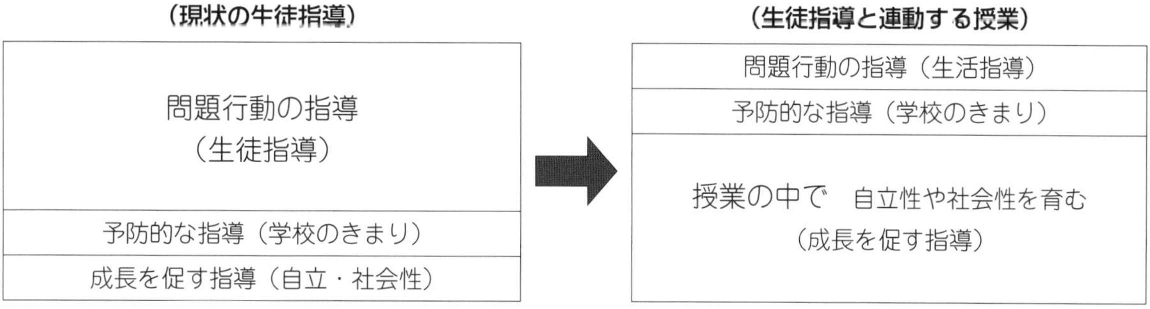

（現状の生徒指導）

問題行動の指導 （生徒指導）
予防的な指導（学校のきまり）
成長を促す指導（自立・社会性）

➡

（生徒指導と連動する授業）

問題行動の指導（生活指導）
予防的な指導（学校のきまり）
授業の中で　自立性や社会性を育む （成長を促す指導）

2　授業の中で成長を促す機会「ペア学習」「班学習」「中グループのゼミナール」

授業の中で子どもが大事にされている実感は、「学習スタンダード」の中の「ペア学習」「班学習」「中グループのゼミナール」の場である。**少人数を単位とした学習形態は、子ども同士が学習内容を共有化する上でも大変有効であるし、どの子も学習への意欲が増す。**

この学習形態においては、学習をリードする子どもが出てくる。教師はこれまでその子どもを生かし授業をしてきたが、「傍観者」をつくってこなかっただろうか。形では全員が参加しているように見えるが実は、本当の意味での全員参加型の授業ではない。

これを解決する方法が**「教科リーダー」**である。子どもを教科リーダーとして、教科リーダーが学習活動を見通し、学習内容や方法を伝達することで学級全体の学習力を強化することができる。教科リーダーが学習の進行役を担うことができれば、教師にもゆとりが生まれる。その分、教師が手を掛けなくてはいけない子の指導にも時間をかけることができる。また、机間指導を充実することもでき、結果的には子ども全員の学習内容の定着を高めることもできる。

◎学習がどうしても理解しにくい子どもは授業に見通しがもてないと不安になる。できない自分にも嫌気をさす。このことはやがて学級の仲間や教師に伝わる。混乱も起きやすい。そうしたことをぜひとも避けたい。**分かる授業の前提は子ども全員が学習に参加できることから始まる。**生徒指導と連動する授業にするために全員が参加できる少人数の授業の場面を今一度見直してみよう。

〈「授業備品」No.121「授業づくりと生徒指導との連動」〉

1303　どこから手を付けたらいいか分からない時

教師が、「子どもに受動的な授業」をしている限り、「子ども主体の授業」に変えようとしない限り、学校の諸課題は解決できない。１日６時間も教師の一方的なおしゃべりを教師から聞かせられる子どもの気持ちを考えただろうか。苦痛なのだ。山場のない授業。教師の指示や説明が多い授業。子どもたちが何かを訴えるためにルールとは違う行動をするのは当然ではないか。これに気がついているだろうか。この現状から脱却することから、授業改善に取り組んでもらいたい。そのポイントを以下に示す。

①日々の授業の中に、全教科グループ学習を入れる

中・高等学校は、内容も専門的であり、受験への対応もあり、子ども主体の授業は難しいと考えてはいないか。実のところ、指導法は小学校とも変わらない。子ども同士が協働で学ぶことは校種が違っても同じなのだ。グループワークがその代表例だ。グループワークを通して学習課題を解決していく、お互いに教え合う、周りの仲間から誉め言葉をもらう……、こうしたことがグループ学習の中でできれば、授業に達成感をもつ子どもが多くなる。

②全員が活躍する場面を 10 か所以上取り入れる

全員が活躍する授業とは、子どもたちが縦横無尽に学ぶことである。①子どもが一人でぶつぶつ言う（自力で考えをまとめようとする、主体的な学び）、②ペアでは話し合って課題解決に進む（対話的な学び）、③ホワイトボードに全員の考えを記入し、全員が発言してまとめや振り返りを行う（深い学び）。こうした**教師が介在しない場面を、１時間に 10 か所以上取り入れてみると、子どもは自力で学びだす。**

③問題解決学習過程の UD 化を図る

アクティブ・ラーニングは、問題解決型学習がその代表といってもよい。課題提示（問題の提示→問いをもつ→問いの共有（見通し））、自力解決、集団解決（ペア→グループ→全体学習→考察）、まとめ→振り返りの**学習過程をどの教科も同じようにする。**それが授業のユニバーサルデザイン（UD）だ。問題解決学習の UD 化を図ることにより、子どもは教科横断的な形式で学ぶことができる。

④板書用グッズを貼る

授業の流れは、教師だけが分かっていればよいものではない。子どもたちにも最後がどのような形になるかが分かると学びの手順を理解することができる。教師目線ではなく、子ども目線に立てば当然のことだ。授業が始まる前に、㊫、㊫、㊫、㊐、㊫、㊫、㊫、㋮、㋫等のグッズを貼って**授業の流れを見える化しておく。**子どもたちには、授業の流れが分かりやすくなり、教師には授業の進行の仕方が分かる等のメリットがある。

⑤授業運営を子どもに任せる

教師がよく話す授業は手っ取り早い。どんどん内容を注入できるからだ。だがそれは、教師には都合がよくても、子どもにとっては流れ落ちるシャワーのようであって、自分事として浸透できない。そこで、**授業運営を子どもに任せる方法をとる**とよい。学習リーダーが進行に当たれば、子どもたちは協働で学ぶ意識も出てくる。子どもは仲間の指示や支えの中で学習を意欲的に進めることができる。やがては教師を頼らず、子どもたち同士で学べるようになる。アクティブ・ラーニングを進めるには、学習リーダーは必須な条項の一つだ。

⑥教師は、しゃべらない

本書で何度となく述べたように、**しゃべりたがる教師は子どもを成長させられない。受け身の授業では子どもたちは学べないし、成長もできない。**今こそ教師は話さず、子どもたち同士で学ぶ授業づくりが必要だ。**教える教師ではなく、気付かせる教師でありたい。**

〈「授業備品」No.73「どこから手を付けたら分からない時」〉

1304　どこから手を付けたらⅡ

家には土台があり、その上に建物が建っている。授業でいえば、その土台こそが「学び方」であり、建物を貫くように教科横断的に学び方を統一していく必要がある。**教科が違うから校内研修が成り立たない、違う担当教科には意見を言い難いなどは過去のことにしなければならない。教師の個人芸の時代は終わった。**教師たちがチームとなってどの子にも獲得できる「学び方指導」をしなければならない。

①アウトプット（ぶつぶつタイム）

教師がしゃべるのではなく、子どもが授業の中でアウトプットができるかどうかだ。教科書の内容を教師が解説したり指示を出していたら子どもたちは、何も話さなくなる。アクティブ・ラーニングは、子どもたち自身で授業を積極的に創っていく学びだ。そのための方策が子どもによるアウトプットだ。全員が話す、すなわち**「ぶつぶつタイム」が有効**であることをご紹介してきた。「前時の復習」「資料を見てのペア学習」「まとめ」「振り返り」等、一部の子どもだけが話すのではなく、全ての子どもが話すアウトップトを取り入れるとよい。そうすれば子どもは他人事としてではなく自分事として授業を受け止める。子ども全員が主役なのだ。

②キーワード（教科用語）

子どもは、授業の場で新しく学ぶキーワードを何度も使うことで学習内容を習得することができる。このキーワードは全教科に共通して重要である。キーワードを使って見通しを立てる、キーワードを使って自力解決をする、キーワードを使って考察やまとめを行う等、授業では重要な位置付けとなる。

キーワードは、子どもにとっては「ヒントカード」にもなる。また、教師による教え込みを防ぐためにも必要である。**キーワードは３回旅をする（①キーワードが見通しの場面に行く、②見通しの場面から考察の場面に動く、③考察からまとめに動く）ことを押さえておきたい。**

③板書の統一

アクティブ・ラーニングの行き着くところは、「教科横断的な学び」だ。その学びを支えるためには、学習指導要領の総則が指摘する「課題」「見通し」「振り返り」「まとめ」等の場面がよく分かるための「グッズ」（目印）を黒板に貼ることが重要である（前頁参照）。

そして、教科の枠を越えて、板書の書き方を統一するとよい。教科ごとに自分の流儀で板書をしていては、子どもたちには、今はどの場面か戸惑ってしまう。授業者だけが分かる板書では、子どもたちの主体的な学びはできない。教科や授業者が違っても、同じような板書であればノートにしっかり記述することができ、授業理解につながる。教師による個人芸的な板書では、子どもが教師に合わせなければならない。子どもがどの教科でも同じように学べるよう、教師の方が教科を越え、板書を合せるようにすることが大事だ。

④問いかけと多答

これまで多くの授業を観て、教師の発問に「子どもが身構える姿」を見てきた。発問・挙手・発表の連続が当然のように行われ授業が進行していくのである。だが、それではどうしても分かる子が中心になるような授業になってしまう。分からない子はいつまでも分からないままだ。

そこで、発問から「それはどうしてなのか」と問いかけ、子どもたちが仲間同士で相談をしてつぶやく（多答）ことを追い求めたらどうだろうか。アクティブ・ラーニングの良さは、仲間と気軽に話し合う動きが授業の中にあることだ。**教師対子どもの一問一答でなく、子どもたち全員がつぶやき、「言えた」という満足感を持たせる授業にしてはどうだろうか。**一問一答は発表する子だけの時間だが、つぶやきは一つの時間にクラス全員の考えが飛び交い、全員が授業の主体となる時間となる。発表するという緊張がなく自分の考えを自由に述べることができる。主体的な学びは、発問の工夫から始まると思ってよい。「主体的・対話的で深い学び」を子どもの動きから捉え、授業を考え直してみてほしい。

〈「授業備品」No.92「どこから手を付けたら　Ⅱ」〉

1305　新しく研究を進める学校へ（校内研修の進め方）

学習指導要領が求める「主体的・対話的で深い学び」は、明治以来の大改革と言える。教師が一方的にしゃべりまくる授業ではなく、子どもが「主体的に」「仲間と対話をし」「子ども間で出た考えを深く掘り下げ」ていく学び方を身に付ける授業を求めた。これを実現させるためには「授業研究」の方法も変えなければならない。**授業を変えることと、「授業研究」の仕方を変えることを同時進行させる**必要がある。

①学習指導要領の理解

中央教育審議会答申「幼稚園、小学校、中学校、高等学校及び特別支援学校の学習指導要領等の改善及び必要な方策等について（答申）」（平成28年）の「第Ⅰ部　学習指導要領改訂の基本的な方向性　第7章　どのように学ぶか」に示された学習過程を押さえておきたい。授業の中に見通し、振り返り、子ども同士の対話的な学び、考察（考え方を一本化していく練り上げ）といった学習過程にあるかどうかだ。特に振り返りは重要である。

②モデル授業の鑑賞で授業の在り方を確認

「主体的・対話的で深い学び」（アクティブ・ラーニング）のモデル授業を全校で見合う。その際、授業は子どもたちが主体的に創っていくことを確認する。どの教師が行っても、教科が異なってもその学校の「授業スタンダード」に基づいた教科横断型の授業であることを共有しておこう。

③子どもも授業ビデオの鑑賞で「学び方」を学ぶ

研究機関などのアーカイブを活用して、各学年や各教科でアクティブ・ラーニングのビデオを鑑賞する。子どもにも鑑賞させることも考えたい。そうすれば、全国には優れた学びを行っている学校があることに気付く。ビデオの中で「子どもの発言」をメモをする。その言葉を集める作業を子どもが各自行う。そのことで子どもにも授業での「学び方」を習得することができる。

④授業スタンダードや授業ベーシックのテキストの習熟

高知県授業づくりベーシックガイドブック（高知県教育センターHP）や先行して取り組んでいる学校の学習過程スタンダードを参考にして教師が徹底的に学び合う。

⑤研究授業

研究授業を成功させようとしないで、何回も公開をする授業と考え行うとよい。なお、「指導案作成疲れ」にならないために、「略略案」「略案」「指導案」という形式で簡易で精度の高い指導案を書くようにする（p.108参照）。

⑥子ども授業反省会

子どもが主体となる授業を行うのであれば、子ども自身が授業の反省をしなければならない。そのために子どもが授業反省会を行う。授業後、直ちに行うとよい。次の研究授業の時に子どもが反省を活かした授業を創れるからだ（p.127参照）。

⑦脱、ワークショップ

時間を費やすが結論が見えない。ただやっているだけの感じがするといったワークショップを見ることがある。ワークショップは全国の学校に広まったが、工夫することも考えなくてはならない。

大事なことは短時間に授業について話し合い、話し合ったことを子どもたちに伝えることだ。これからは子どもと教師の双方向的な意見交流が必要だ。教師から「授業改善メッセージ」として子どもに伝えたい。

なお、授業を観る視点については、p.129を参照願いたい。

なお、子どもたちに語るとき「固有名詞や、事実から語る」ことが必須だ。ワールドカフェ方式、付箋方式などさまざまな手法を活用してほしい。

〈「授業備品」No.57「新しく研究を進める学校へ（校内研修の進め方）」〉

第Ⅱ部

「教えない授業」を支える校務改革

1　当たり前を疑う

当たり前ではない学校

学校は、「共通理解」を大事にするあまり会議が多い。また、自分の考えを主張する教師が多い。これまで学校・教師の横並び、画一主義、閉鎖性、形式主義、事なかれ主義などの負の面を感じとってきた。それは、学校・教師優位の発想があり、当たり前ではない学校常識がいまだにあるからだ。

時代は、アクティブ・ラーニングの学びを求めている。一つの例だが、児童観・授業観でも個々の教師にずれがある。学校では、学級担任が変わるたびに児童・生徒対応や授業の手立てが大きく異なったりする。また、不干渉的な文化が依然として続いている。教師は、自分の学級のことについて他から干渉されたくないし、干渉もしない。研究協議会においても課題を指摘するより成果を述べ合うことが多い。「課題を指摘することは授業を批判することになるので人間関係を壊したくない」という発想が根底にあるからだ。さらに「例年通り」という意識。確かに例年通りであれば計画をゼロから考える必要はない。忙しい現場では例年通りの意識に陥る。自転車操業のような状態で教師は格闘しているのが現状ではないか。ゆとりのある仕事をしていくためにも「学校の当たり前」を止めるしかない。以下に、私が校長として小学校で取り組んだ学校改革の一部を紹介したい。

学校改革の基本的な考え方

私が学校改革をする上で大事にした理念は二つある。まず、前回の学習指導要領の趣旨である「ゆとりある教育活動」を展開したことだ。時間的にも、精神的にもゆとりある教育活動を展開すれば子どもはじっくり学習できる。現行の学習指導要領でも「子どもと向き合う時間の確保」が指摘されている。私は、学校改革の原点をここに見出した。

また、学校改革で大事にしたことは、仕組み作りだ。学校は仕組みがあれば変わる。その仕組みを構築できるのは校長だけであると考え、仕組み作りを改革の基本にした。

(1) 目指す学校像

「子どもと教師が向き合う学校」である。子どもは自ら学び、教師と接する中で学力を高めていく。この学校として当たり前のことを目指すことを学校像とした。教育の原点である、「子どものそばに教師がいつもいる」。このことを大切にしたかったからだ。

(2) 学校常識の見直し

子どもが登校しているのになぜ職員朝会をするのか、学力に課題があるのになぜ会議をするのかなど、これまでの学校常識を教師に考えさせた。学校の常識が当たり前ではないことを感じとらせた。

(3) 改革・開発・簡素の 3K

教育の現場では、「よく考えてから」「周りの意見を聞いてから」とすることが多い。それでは学校は変わらない。改革のスピードを上げてどんどん実行していくことを教師に伝えた。課題解決を先送りしそうなこれまでの学校風土を変えたいという思いもあった。キーワードとして、「改革・開発・簡素」を示した。

(4) 次年度の経営案を異動前に提示

校長がリーダーシップを発揮するためには、次年度の経営案を教師に早めに提示することが大切である。そこで目指す学校像と研究指定校を受け研究を進めることを示した。教師の異動時期の前に示したのは、次年度から厳しいことが始まることを伝えたかったからだ。異動者が多く出ることを予想したが少なかった。以来、教師に次年度の学校の在り方を異動前に示し、異動するかどうかを決断させるようにした。

(5) 新学校システム

新学校システムは、教育活動直後にワークショップで反省し改善・計画を一気に行うシステムである。「直後プラン」(p.148) と名付けた。これまでの職員会議ではできなかったよい教育課程づくりが可能となった。また、一役一人制の運営組織 (p.146)、事案決定システム (p.150) の構築も行った。休み時間に教師が子どもと遊び始めたのはこのシステムを構築した頃からである。

(6) 研究校としての土壌

研究・授業・経営の活動が連動すれば学校改革は可能となることが分かった。そこで、校内研究で学校改革を行った。市、都、国の研究指定を受け7年がかりで研究を行い、研究校としての土壌を創り上げた。教師が自信を持って研究を進めることができたため「一生の財産を持たせることができた」と思っている。

(7) 学校改革の成功

視察に来校される多くの方の質問は、なぜ学校改革が成功したかであった。前記した内容と合わせて校長としてのリーダーシップを次のように説明してきた。

「改革当初は、教師の反発や疑問の声が上がった。だが、校長についてくれば改革は成功することを語り続けた。全国の学校を視察し、書物を紐解き、自らの考えを構築してきたからである。新しい施策は、早め早めに子ども・教師・保護者に伝え共感を得るようにもした。改革が軌道にのったら、副校長、主幹などの職階層に任せるようにした」

これまでの学校常識にとらわれず、よいと思ったことをやれば学校は必ず変わる。教師・子どもも変わる。

2　一役一人制校務分掌組織の導入
会議なしでゆとりのある学校へ

従来のPDCAのマネジメントサイクルでは、教育活動後の評価・改善・計画案の作成が遅い。そこで、実践直後に出た課題を全教師がワークショップ形式で評価をし、改善策・計画案を立てるDCAPの教育活動を同時期に行う方式を提案したい。年度末評価なし、新年度計画なし、職員会議なしとなり、子どもに向き合う時間が確保できる。

多忙の大もとは何か

中央教育審議会答申（平成20年1月）では、教師が子どもたちと向き合う時間を確保することが必要である、との提言を行った。また，同時期の中央教育審議会初等中等教育分科会「学校・教職員の在り方及び教職調整額の見直し等に関する作業部会」でも，増大する学校業務への対応策として「組織的な学校運営の推進、業務の効率化」等を挙げていた。以来、文部科学省では、学校の多忙な現状を変えようとして様々な方策を打ち出してきた。

勤務校でも「教師が子どもたちと向き合う時間を確保するための方策」として、「一役一人制の運営組織」を推進した。一役一人制の運営組織づくりは、教師からの声を受けたことも確かだが、私自身がこれまでの学校組織のあり方に疑問をもっていたことが推進の一因となった。そこでまず、運営組織づくりの前に教師から多忙な理由のデータをとってみた。出された声は、次のような内容である。

・「学校は多忙だ、もっとゆとりが欲しい。子どものノートを見る時間がない」
・「対外的な事務が多すぎてゆとりがない。以前より教師の事務が増えている」
・「出張が多すぎて、学級のことができない。しかし、必要な出張は重要だ」
・「生徒指導をする機会が多く、ゆとりがない。カウンセラーは来てくれないだろうか」
・「研究の機会が多くてゆとりがない。しかし、自分たちの仲間の集まりは必要だ」

こうした声を分析すると、私自身が、肝心な学校内部組織の多忙な原因に目を向けていなかったことに気付いた。これまで、何かを決めるのに「共通理解」が重要と考え、会議を減らすことには気付いていなかったのだ。みんなで会議を行い、事案を決めていくことが学校常識と考えていたからだ。

一役一人制の運営組織

多くの学校の事案は、「担当者→月1回の各種委員会→企画会議→職員会議」というラインにより職員の総意で決定する。しかし、毎回、あまり変わらない内容を討議しているため、校長の経営方針が浸透しきれない、決定に時間がかかるなどの課題も出る。ひと月に、3回もの会議をするからだ。そこで、何もかも共通理解を図るのではなく、意見があれば担当者に伝えるという方法を考えた。また、校務一役を一人で担当する組織を考案した。それは以下のようなものである。

①教育活動直後に立ったままのワークショップで、担当者が改善策を聞き取る。
②「担当者の起案→主任教諭→主幹教諭→副校長→校長」のラインで決裁をする。

事案は部会提案ではなく個人提案のため、従来の教務部会をはじめ各種部会等の会議の削減ができた。職員一人ひとりに権限委譲ができたため、学校貢献意欲も出てきた。教師は会議がないため、休み時間や放課後にも子どもと遊ぶことができるようになった。補習を行ったり、教材研究を行う教師も増えた。「教師は子どもの傍を離れない」という本来の姿に戻ることができた。

一役一人制による若手教員の育成

若手教師も自分の担当分掌で、重要な案件を起案し進行することになる。そこで若手教師にも仕事を任せ、責任をもって担当するようにさせた。

新採２年目の体育主任は運動会を動かし、第３学年から第６学年の運動会の縦割り班による表現運動を担当した。新採３年目のある教師は教育実習生や初任者の指導を担当した。研究主任にも新採３年目の教師を登用した。当初は、全くの手探りの状態であり、若手教師も、大変だと感じていたようだが、「抜擢された」ことに感謝していた。若手教師も重要な仕事を任され、学校を動かすことの醍醐味を実感したようだ。

もちろん、学校から会議が全部消えたわけではない。会議は大方なくなったが、細かい打ち合わせは行うようにした。それもできるだけ短時間で済ませた。その結果、教師にゆとりが戻り、結果的に子どもと接する時間が増えたことで子どもの問題行動も減った。私が学んだことは、学校常識を変えれば、「教師と子どもとの１対１のかかわりが増える」ということであった。

一役一人制の運営組織表

アルファベットは担当教師

部	項目	担当
教務部	教育計画	C
	指導計画	C
	行事予定	C
	移動教室	C
	三者面談	C
	テスト	B
	担任制	B
	学級編成	B
	交流	B
	外国語	B
	直後計画	A
	仕事暦	A
	道徳計画	A
	入学式	A
	卒業式	A
	離任式	A
生徒指導部	児童靴	F
	緊急対応	F
	安全計画	F
	避難訓練	F
	集会指導	F
	児童机	E
	集団下校	E
	清掃美化	E
	指導体制	E
	きまり	E
	連携教育	D
	一斉指導	D
	落し物	D
	遠足指導	D
	休業指導	D
	地域指導	D

・部会提案は行わず、個人の提案とする
・主任は個人提案の進行に留意する
・審議を要する大きな提案は、主任提案とする
・事案決定規定に基づき文書で提案

3　DCAP マネジメントサイクル（直後プラン）

従来のPDCAのマネジメントサイクルでは、教育活動後の評価・改善・計画案の作成が遅い。そこで、実践直後に出た課題を全教師がワークショップ形式で評価をし、改善策・計画案を立てるDCAPの教育活動を同時期に行う方式を提案したい。年度末評価なし、新年度計画なし、職員会議なしとなり、子どもに向き合う時間が確保できる。

これまでの教育課程の作成方法

行事は、実施前に時間をかけて討議をするが、終えるとそのままにしておくことが多い。「話し合い」を重視し、共通理解を優先する方法だからだ。会議で教育課程を一つ一つ討議するため、とにかく時間がかかる。日々、生徒指導や学力向上等の指導に時間をかけなくてはならないのに、共通理解のための話し合いに時間をかけているのが学校の現状だ。また、話し合いでは、事案をよく知っている人に発言が偏ったり、一つの議案ごとに会議をもつことも多く、話し合いに実に多くの時間を費やしている。

これまで、行事のたびに結果や課題を集めて年度末に討議をし、新年度計画を立てるなどの方法が取られてきた。学校評価も同じだ。反省や計画は「まとめて行う」が学校の常識である。この学校常識を是非とも変えたい。教育課程は、研究授業などの実施後即座に評価し改善プランを立案する。その場で次の計画を書き換えていくのである。それを「直後プラン」と呼んだ。その上で職員会議や委員会等の会合はできるだけ廃止か、削減を行うようにする。そうすれば、必ず子どもと向き合う時間は確保できる。

マネジメント意識の向上

教育課程を作成する上でかぎとなるのは、教師の学校帰属意識を高めることだ。これまでの教育課程を作成するための話し合いに時間をかける方法では、教師に多忙感が出る。結局は前年度と同じ教育課程を「とにかくこなす」だけとなる。学校独特のPDDDCAサイクルである。教師にこなせばよいという意識が出れば学校帰属意識が薄れる。このサイクルを変えれば、起案文書を日付だけ変えて提案するような教師を減らし、マネジメント意識を高めることができる。では、帰属意識をもてるマネジメントとはどのようなものか。

DCAP マネジメントサイクル

1　ねらい　改善点を即座に生かして、次年度教育課程を実施できるようにする。
2　方法
①行事実施後すぐに、全員がミーティングで改善点を話し合う
②改善点について担当者が起案する
③起案が通ったら夕会で報告する
④起案されたプリントは各自がファイリングする
⑤直後プラン冊子に入れる

運動会を例に「直後プランDCAPマネジメントカリキュラムサイクル」を説明しよう。
運動会実施後「D」、ワークショップ型のミーティングで評価「C」をする。立ったまま教師・保護者・中学生が評価を行い改善策「A」を出し合う。担当者は、改善策をまとめ、翌日には、次年度の計画「P」を立てて決裁を受ける。その後、全員に周知する。教師は、次年度の新計画案を、翌年度のファイルにとじる。

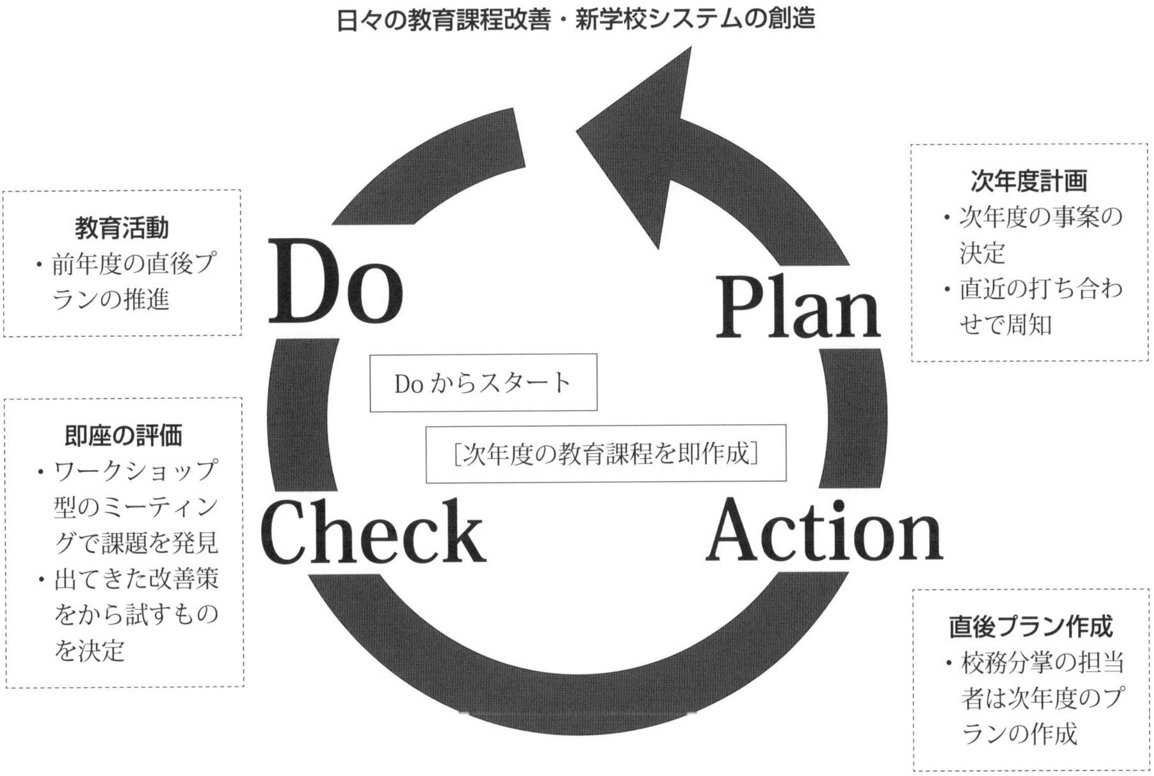

日々の教育課程改善・新学校システムの創造

教育活動
・前年度の直後プラン の推進

Do

Plan

次年度計画
・次年度の事案の決定
・直近の打ち合わせで周知

Doからスタート

[次年度の教育課程を即作成]

即座の評価
・ワークショップ型のミーティングで課題を発見
・出てきた改善策をから試すものを決定

Check

Action

直後プラン作成
・校務分掌の担当者は次年度のプランの作成

[新学校システムの内容]
①事案決定システム直後プラン
②一役一人制運営組織
③直後プラン
を中心に学校改革を行っている。改革は、ほぼ軌道に乗り、学校にゆとりが出てきた。このゆとりが校内研究の推進に向かい教師の授業力向上につながった。このことが、子どもの学力向上に大きな成果を上げた。教師にゆとりが出れば子どもに向かう時間が増え、そのことが学校の活性化に繋がることが実証された。

4　事案決定システム

自校では当たり前としていることが、新赴任者にとっては、驚くような内容と受け取られることが多い。そこで、新赴任者向けに次のようなお知らせを配布した。

多忙を生み出す学校常識

「本校には、職員会議がありません。○○委員会もありません。担当者が提案をまとめ、起案し、主幹→副校長→校長のラインで審議します。決裁されれば、それが決定事項となります。決裁を受けていない文書は、印刷・配布はできません」

私がかつて東京の小学校で、この「事案決定システム」を学校経営方針の第一に掲げたのは、何でも「共通理解で決定する」という学校の常識を変えたかったからだ。共通理解が多くなると、どうしても教師同士が集まる機会が多くなる。そのため、教師と子どもとの距離が遠くなるため、様々な弊害が出る。

私が赴任した頃の４月の放課後の実態（次ページの表）をみると、教師が子どもたちと向き合える日は、２日しかない。新学期の初めは、子どもと教師が向き合い、心を通わす大事な時期にもかかわらず、それができなかった。４月は、多忙であると分かっていても、それが学校常識と思い込み、手を打たなかったからだ。「子どもが大事」と多くの教師は言うが、会議の方を優先する学校常識がある。こうした学校常識が存在するのはなぜだろう。

ある報告書が、学校の閉鎖的な体質、職員会議や校内内規で校長権限を制約する慣習、一般の常識と乖離した教職員の意識、職階制の形骸化等があることを指摘した。とりわけ、校長権限に関する事項が職員会議の決定に基づき策定された校内の内規により処理されていることを問題視していた。

私は、この問題の解決策の一つとして「事案決定システム」を考案した。教師に職員会議の決定がすべてであるという考え方、文書による意思決定が重要であるいう考え方があったので、そこを変えたかったからだ。事案決定は、事案に係る決定案を記載した文書に事案の決定権者が署名し、押印する方式をとった。事案の作成責任者に必要な指示を与えて起案させる方式である。

なお、私が所属した自治体の教育委員会は、同じ時期に新しい職階制度を導入した。それは、教諭、主任教諭、主幹教諭、副校長、校長、統括校長の六つの層だ。事案決定を行うための職層だ。こうした職層が出来たため事案決定システムによる決裁が可能となった。

事案決定システムを導入したことにより、校長の方針が伝えやすくなった。だが、いくつかの課題が残った。事案決定のシステムが変わっても、職員会議の回数や長時間の開催が変わらなかったため、子どもに向き合うことができない状態が続いた。企画委員会や職員会議で周知する起案文書の検討のための諸会議等を相変わらず行ってきたことも原因だった。職員会議を行うのは当たり前、共通理解は重要との学校文化も色濃く残っていた。そこで学校外の組織に習い、スピード感のある決裁や会議の回数を減らす等の施策をとることにした。

事案決定システムで校務改善

従来のシステムは、担当者が提案資料を月１回の委員会へ提出し、そこで検討した文書を企画委員会で審議し、職員会議で共通理解する形式であった。担当者→月１回の各種委員会→企画会議→職員会議というラインである。このシステムは、決定するのに時間がかかった。職員の総意で決定する形式だったからだ。そこで、校務一役を一人で担当する職員に起案をさせた。作成した起案文書は、「担当者→主任教諭→主幹教諭→副校長→校長」のラインで決裁し、全教師に周知するようにした。審議検討型からワンストップ型の決済フローに切り替えたのである。この学校独自の事案決定システムの開発により、スピードのある決裁ができた。校長の経営方針も浸透した。これまであった事案決定システムを通さないで提案する文書はなくなった。「校長の経営方針」と強く打ち出すことには勇気も要ったかと思うが、時期を逸しないことに徹したことがよかったと思われる。

現在、私の経験をある自治体の学校へ導入している。その学校は、県としての管理運営規則は変えずに事案決定システムを導入した。職員には、会議を減らすための一つの方法であると理解してもらった。当初は、職員から異論も出たが年を追うごとに浸透し、現在では当然のように行われている。

全国には、多くの事案を抱えながら、それぞれに決済までの手間や時間がかかっており、私がかつて悩んだ同じことを感じている校長もいるかもしれない。諸課題が一気に解決できることを経験した者からお伝えしたいことは、この事案決定システムを早急に導入して欲しいことだ。学校でしか通じない常識を、このシステムで変えられるからだ。

放課後の多忙(4月)わずか2日

月	火	水	木	金
		1職会	2職会	3三部会
6職会	7式準備	8終礼	9職会	10終礼
13 ①	14三部会	15 ②	16教務主	17終礼
20運委会	21終礼	22P総会	23家訪問	24
27職会	28家訪問	29休日	30家訪問	

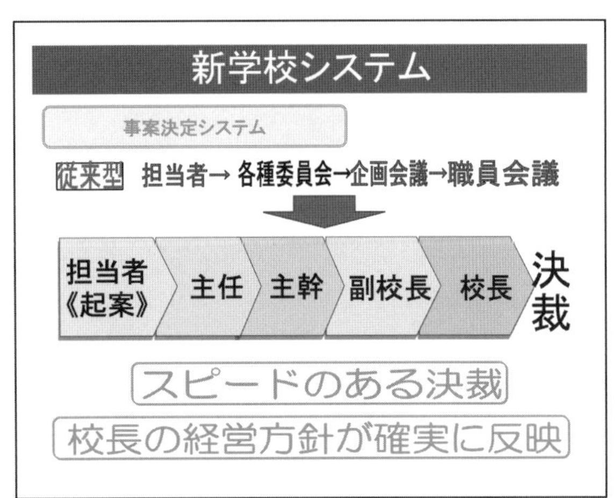

5　12 月決算の教育課程

12 月決算とは

多くの学校で PDCA サイクルの教育課程を実施しているが、そのほとんどが 1 年で終了するシステムとなっており、年度で切れ目が生じている。このシステムは、果たしてよいだろうか。本来の教育活動は、切れ目があってはならないものである。「今日、教育活動を実施すれば、即座に評価し、明日は新しいプランで実施する」のが、本来の教育活動の在り方ではないだろうか。1 年サイクルの教育課程など本来ないはずだ。だが、これが学校の常識となっている。

これを変える一つとして、かつての勤務校では「12 月決算」を実施した。12 月決算とは、これまでの 4 月から 3 月までの教育課程を、内規として 1 月から 12 月にしたことだ。

学校システムの課題と背景

3 月・4 月は会議が多くなることで子どもと向き合うことができない、毎年、年度末や新年度は年度替りで春先は忙しい、というのが学校の常識だ。そのため、以下のような様々な弊害が出る。

①年度末は、学習のまとめをする時期だが、行事に追われ、教師や子どもにゆとりがない。
②年度末は、会議を行うことが当たり前となっており、子どもに早帰りをさせている。
③学校評価や新年度計画を行う時期で、アンケート回収や分析に追われている。
④ 4 月当初は、新年度組織の構築に追われ、子どもと十分に接することができない。
⑤春先は研究授業がないことが常識であり、授業の腕を磨ききれない月となっている。

担任する子どもとの新しい出会いで、子どもと一番触れ合いが必要な時期にそれができない。教師は子どもと触れ合いたいのに、3 月・4 月の “ 学校常識 ” のため、教師の言葉は、「あとで」となる。こうした常識はどこからきているのだろう。

①年度替わりに、例年と同じように教育課程の編成を行うのが当たり前という学校常識
②年度始めは、会議をすることが当たり前であると思い込む学校常識
③年度末評価や新年度計画の時期であるので、多忙が当たり前という学校認識

4 月から 3 月の教育課程サイクルの常識を崩す

教育課程編成や、学級の諸事務が 3 月から 4 月に集中し、教師に過度の負担がかかる。そのことが、子どもの成長にまで影響する。そこで、12 月までに学校評価と新年度計画を終えるようにした。学校独自で 1 月より新年度の教育課程を新しい学校運営組織で行うように改めた。そのため、教師の多忙感はまったくなくなった。

特長的なことは、3 月・4 月の会議がまったくないため、子どもや教師にゆとりができたことだ。転任してきた教師が以前の学校との違いに驚くとともに、学級事務のみに専念できることを喜んでいた。校務分掌も 1 月から実施するため、4 月になっても変わらない。転任者があれば、新しい職員がその分掌を引き継ぐことになる。多くの学校にありがちな 4 月の組織構築会議もない。3 月・4 月も普通の月と変わらないため、研究授業も行う。これが、本来の学校常識だ。多忙な 3 月・4 月をいつまでも続けてはならない。

1月から12月（暦通り）の教育課程の作成

(1) 教育活動の手順

①毎回の教育活動後に新年度案を作成する「DCAP サイクル」による直後プランの実施
② 7 月、前期の学校評価を行う
③夏季休業中に教科の指導計画を作成する
④ 10 月、後期学校評価を行う
⑤ 11 月、新年度の行事予定を作成する
⑥ 12 月、教育計画を完成させる
⑦ 1 月、新校務分掌で教育課程の進行
⑧クラブ・委員会の開始

(2) 教育計画案文書の作成

①昨年度の直後プラン（昨年 12 月～今年 11 月）を参考に起案文書を作成する
②教育課程の実施日程は、教務から提案された年間行事予定を参考にする
③各分掌が作成した文書・資料を自分のファイルに綴じ込む

クラブ・委員会「この指とまれ」（1月スタートで3月4月も充実）

新年度になってからクラブ・委員会を発足すると、時間がかかるばかりでなく、子どもたちの希望に添えない時がある。1 月から実施していれば、学年が変わってもすぐにクラブ・委員会に入れる。

高知県越知町立越知小学校では、10 年前からこの 12 月決算を取り入れ軌道に乗っている。多忙感が消えたため、そのことが学力向上や校内研究の充実につながっている。教師や学校にゆとりが出れば、学力が伸びることが実証された好例だ。日本中の学校から 3 月・4 月の多忙感をなくすためには、この方式は一つの有力な方法となろう。

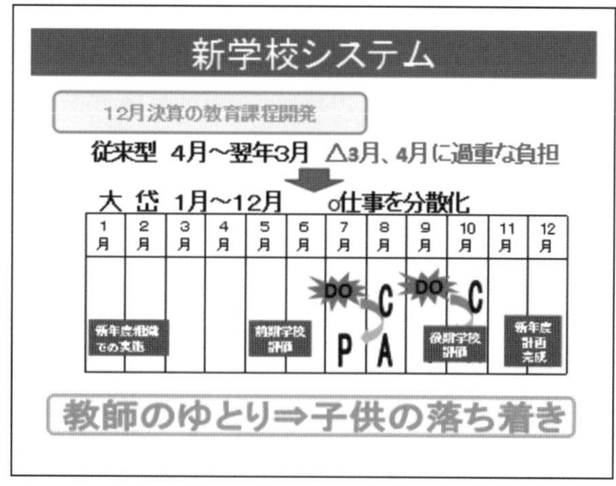

6　教育課程の進行管理

次年度に詳細な計画を残す

新学期はゆとりがあっただろうか。多くの学校が例年のとおり多忙となったのが現状ではないだろうか。こうしたことの解消のために、1月から教育課程を進める「12月決算の教育課程」、教育活動直後に次年度案を立てる「直後プラン」が有効であることを提案してきた。その中心となるのは、「教育課程DCAPサイクル」である。教育計画を1年がかりで更新していく方法だ。次年度は、実践Dから入るので事前の職員会議も要らない。新学期でも子どもと向き合うことに多くの時間をかけることができる。

教育課程の進行で重要なことの一つは、職員全体で共有する資料だ。多くの学校は、大まかな計画案が多い。全体の進行はその資料で分かる。だが、担当業務の詳細な内容が記載されていないため、自分の係の実施案は自分の判断で作成するしかない。また、新しく担当になった職員の場合は、前年度の様子が分からないので手探りで作成することになる。そこで、本年度にその係を担当した職員が、できるだけ教育活動の詳細な内容や記録を次年度の計画案に残す方法を提案したい。

運動会の例で説明をしよう。実施日時・係名・ねらい・練習日程等は、運動会の全体案に示されることが多いが、それらに加えて、次年度に誰が該当学年になっても詳細が分かるようにしておくために、本年度担当した者に次年度の実施案を立てさせる。小学校であれば、1年生の玉入れの進行の仕方、玉の数、玉入れの時間、玉入れの高さ等を記入する。図にする場合もある。プログラムの内容、放送原稿等、いずれも詳細な内容を教育計画に入れるようにする。できるだけメモを残すようにしておけば、次年度の担当者は困らない。

3度の打ち合わせで確実に実施

DCAP教育活動サイクルで重要なことは、1年前に作成した教育活動の案を確実に実践するための進行管理だ。教務主任が中心となって進行の指揮を行っても、うまくいくとは限らない。うまくいかない多くの原因は、教頭や教務主任と担当者との連携が不十分な時だ。

かつての勤務校でも、担当者任せになったことでうまくいかないことがあった。また、管理を行う教務主任自身がうっかりする時もあった。そこで、教育活動の数か月前に行う「直前プラン」と「2週間前の打ち合わせ」「実施後の直後プラン」の3段階で教育課程の確実な進行管理を行うようにした。二重、三重にチェックする機関や機会を制度化したので進行が滞ることはなくなった。

(1) 直前プラン（3か月前）

前年度に教育計画案が出来ているので直接、実践（D）から入ることになる。異動して来たり、実施内容を忘れたりしている職員のために「直前プラン（3か月前）」を実施する。教育計画の該当箇所を読むように注意を促す方法だ。教育活動の3か月前の夕方の打ち合わせ時に、冊子に目を通すように一役一人制運営組織の担当者が指示をする。追加の資料は出さないのが原則だが、分担する担当者の名前の資料等は出すことになる。

(2) 2週間前の打ち合わせ

職員は、3か月前に教育計画に目を通す。ところが、進行を担当する者がうっかりする時がある。それを解決するための方策が「2週間前の打ち合わせ」だ。職員夕会後に、2週間後の教育活動を担当する職員・

教務主任・副校長・校長等が集まり、実施が可能かどうかの最終の確認をする。一役一人制の担当者の仕事が着実に行われているかどうかの確認も行う。これにより、進行の遅れはほとんどなくなる。

(3) 直後プラン

教育活動直後（D）に、評価（C)・改善策（A）を全職員で立ったままのワークショップを行う。このワークショップがこれまでの職員会議だ。そのワークショップを受け、担当者は次年度の案（P）を立案。その案は、事案決定システム後、直近の打ち合わせの夕会で示され周知を図ることになる。鉄は熱いうちに打ての論だ。勤務校では、この方法が功を奏し、ゆとりの中で教育活動を行うことができた。

教育課程の「進行暦」による教育課程の進行管理

農家には農事暦がある。種をまく時期、収穫時期等、綿密なスケジュール管理がしっかりしている。学校にはそうした暦があるだろうか。予想される教育活動は資料を見れば分かるが、事務に取り組む開始時期等はほとんど明示されていない。

かつての勤務校では、教育課程進行管理表を作成した。1年間の仕事には、どんな仕事があるのか、いつから始めるとよいのかを自覚させるためである。これにより職員の職務の遂行は順調であった。教育課程の進行暦を職員室に掲示したからだ。職員に仕事の効率が悪いと指導することは、ほとんどなかった。

学校が多忙であるのは確かなことだ。その理由を、提出書類が多い、招集される会議が多いなどにしてこなかっただろうか。教育課程の進行暦等を作成する工夫をすれば、職員はゆとりをもって職務を遂行できる。そのことで、「その日暮らし」的な事務から解放されるのは間違いない。そのためには、校長自身が、何か方策はないかと常に考えることではないだろうか。

2月仕事暦

日	曜	行事予定	作業開始日・提案日
1	水	おみせやごっこ（7日迄）ぽぽちゃん	製作ファイル目次作成開始 少ファイル名前書き開始（3日まで）
2	木	おひさま	
3	金		週案提出　卒園を祝う会提案日
4	土		
5	日		
6	月	植松先生巡回指導	誕生会（カード・作成）　玄関掲示（マナー）
7	火	お店屋ごっこ買い物日	バトンリレー提案日　ひな人形（防虫剤　あられ）
8	水	長ピアニカ　ぽぽちゃん	目次提出
9	木		長思い出製作開始（3/3持ち帰り）
10	金	少体操　中ピアニカ 園庭開放（10：30）	週案提出　クラス編成（新・全学年）
11	土		
12	日		
13	月	年少実験	指導要録発送日　避難訓練提案
14	火	年中体操	3月玄関掲示作成（預かり）　お店屋直後プラン
15	水	ぽぽちゃん	保育室・グループ表・当番表をはずす
16	木	誕生会　おひさま	修了式・卒園式提案日
17	金	年少体操	週案提出・新学期教材詰め（深・大）
18	土		
19	日		

7　夏期休業中に次年度の教育課程を作成

ある調査で、「授業の準備をする時間が足りない」と答えた教師の割合は、小95%、中84%、高78%であった。この数値から教師の「忙しすぎる」という悲鳴が聞こえてきそうだ。こうしたことを少しでも減らしたいと考え、元勤務校では次年度の教育委員会への届け出資料等を夏季休業中に作成してきた。学校常識となっている年度末に教育課程を作成する方法を変える仕組みだ。夏季休業中に作成することで、学期中はゆとりのある仕事ができ子どもと向き合うことができた。いったん夏季休業中に届け出資料を作成するが、年度末に再度見直す。二度の作業を経て作成するので、内容のある教育課程を作成することができた。

年度末の多忙な時期に届け出資料を作成する学校常識

これまでは、教育活動直後に反省用紙へ改善策を書き、年度末に次年度の教育課程の検討をすることが常識となっていた。だが、この方法では多くの課題があった。

①年度末の多忙な時期に教育課程を作成するため、内容が前年踏襲となりやすい
②会議に多くの時間を費やし、子どもたちと向き合うことができない
③子どもより会議を優先することが学校常識のため、教師のための学校となっている
④教務主任が教育課程の編成に追われ、学校全体を見通すことができない
⑤教育課程の作成を優先するため、2月・3月に研究授業を行うことができない
⑥多忙な時期の仕事の改善を図らないため、教師はいつも多忙感がある

教育課程だけではないが、多忙な時期に事務作業を行うことを変えないと学校の諸課題を解決することはできない。年度末の子どもを早く帰しての会議、共通理解を優先するあまりの会議の開催は、学校にとっては都合が良い。だが、決して許されるものではない。

本来の学校の姿は、子どもと教師の1対1のかかわりが基本だ。教師が熱意を持って、より長い時間、子どもと向き合うのが当たり前の姿だ。この当たり前のことが、多忙な時期に会議を行うためできない。この状態をこれからも続けてよいだろうか。

多くの届け出資料

地域により教育委員会への届け出資料は違うが、元勤務校では、実に20種類の資料提出が求められていた。

①教育課程届け
②各教科の年間指導計画
③危機管理マニュアル「安全指導年間指導計画」「避難訓練・安全指導の指導計画」「地域安全マップ」
④学校図書館全体計画・年間指導計画
⑤性教育の全体計画・年間指導計画
⑥道徳教育の全体計画・年間指導計画
⑦総合的な学習全体計画・年間指導計画
⑧特別活動の全体計画・年間指導計画
⑨人権教育全体計画・年間指導計画
⑩食育全体計画・年間指導計画
⑪年間行事予定・週時程
⑫健康・体力増進全体計画・年間計画
⑬コミニュティスクール全体計画・年間計画

⑭生徒指導全体計画・年間計画
⑮総合的な指導全体計画・年間計画
⑯保健体育全体計画・年間計画
⑰いじめ防止全体計画・年間計画
⑱校内研究計画
⑲英語活動年間計画
⑳学力向上全体計画・年間計画
といったものである。

教育課程の作成の手順と留意事項

作成した資料を教師全員で共通理解をしたり、何回も会議で練り直す方法では、ゆとりは生まれないし、よい案を作成することもできない。そこで組織運営を次のように行うとよい。①一役一人制の学校運営組織で資料作成を担う、②出来上がった案は、部会提案としない、③事案決定システムで資料作成者は主任・主幹・教頭・校長に事案を上げる。

(1) タイムスケジュール

①夏季休業日の前までに案を作成する
②夏季休業日に入り、事案決定システムで案の決定を行う
③専科教員が印刷・製本を行う

(2) 配慮すること

新しいことを行うには、校長のリーダーシップが重要だ。そのことを認識し、教職員を指導する。その際、夏季休業中に作成する教育課程は、仮決定であり、3月に最終決定を行うことを伝える。教職員から、「まだ作成の時期ではない」という声が出た時は、「毎年、内容はそんなに変わっていない」「1年で一番ゆとりのある時期に教育課程を作成する方法が内容が良いものとなる」このことを伝え、実行を促す。

夏季休業中に作成するメリット

これまで届け出資料は、教育委員会から言われてから出すことが多かった。これが学校常識であり、違和感はなかった。そのため、多忙になっていた。かつての勤務校は、夏季休業中に作成していたため、年度末は教職員全体にゆとりがあった。教育委員会から上記に上げた項目以外の届け出資料を求められても即座に対応することができた。なお、3月・4月にゆとりがあったため、普段の月と同じように、研究授業を行うことができた。

熊本県Y中学校は、他校と同じように、定例の職員会議（月1回）を開催していた。だが議題の多くが紙上提案でも問題がないことに気付き、職員会議を大幅に削減した。併せて「指導の手引き」「行事の手引き」を長期休業中に作成した。教師と生徒と向き合う時間が増えたため、不登校の生徒が減り、学力向上につながった。

このように、届け出資料の作成時期や校内の手続きを工夫することで、子どもと向き合う時間の確保や学力向上、生徒指導上の改善が図れるのである。

8　授業づくりのガイドブックをつくろう

私が関わっている高知県の学校で教科横断型の授業改善が進み、その成果として学力が向上している。こうした学校が出てきた背景には、私自身の苦い体験がある。元勤務校は、年に60回以上もの研究授業を行っていた。だが、これはと思える授業はほとんどなかった。確かに一部の教師は育ったが、全教師の授業力の向上までには至らなかった。当時のメモに、「授業の限界」とまで書いたほどだ。こうした実態を分析すると、次のようなことがあることに気付いた。

・教師がよくしゃべる授業を当たり前としているので子どもが受け身の授業となっている。
・教科書の内容を解説するような授業が多く、教師が教えよう教えようとする授業が多い。
・学習が分からない子への手立てが少なく、分かる子を中心とした授業が続いている。
・教科横断的な視点の授業ではなく、教科の専門性にこだわる授業が多い。

これらの原因に、教師が学習指導要領の総則を丁寧に読み込んでいないことが分かった。授業を行う際、学習指導要領の教科の目標や解説は見るが、肝心な総則を見ていないのだ。専門とする教科の研究には熱心だが、教科横断的な視点で指導方法を学校全体で統一しようとする意識が弱い。学習指導要領で指摘する「見通し」「振り返り」「言語活動」「課題学習」「問題解決的な授業」等が徹底されていない。こうした元勤務校の実態を分析し、高知県の学校を指導した。その中心となったのは、次の２点である。

・子どもの自主的・自発的な学習を促す（総則第４の２（2））
・教科横断的に学び方を指導する（総則解説書５節第４の２（1））

この２点を強力に進めるために、①１校だけでなく町や地域全体の学校で授業改善を進める、②教師の自己流の授業から、学習指導要領が示す「問題解決的な学習過程」の授業へ統一する、③子どもの学習意欲を高めること等を柱にし、授業改善を進めるよう促した。その中心となったのが『学習過程スタンダード32』と『高知県授業づくりBasicガイドブック』だ。

『進化型学習過程スタンダード32』

学習指導要領総則に記述してある「問題解決的な学習」を教師に定着させるためにはどうしたらよいか幾度も悩んだ。これまでの学習過程「導入、展開、終末の３段階」「問題把握、自力解決、集団解決、まとめの４段階」を導入しても全教師が習得するまでには至らなかったからだ。この反省に立ち、まずは子ども・教師に授業内での動きを学ばせることが重要と考え、詳細な問題解決型の学習方法の７項目の習得を促した。効果はすぐに出た。子どもが授業での動き方をマスターすると、教師の指示言葉も減り、自ら学習するようになった。教師も授業に手ごたえを感じるようになった。

なお、子どもがただ動くだけの授業、情報交換がたくさんあるだけの学び合いの授業は避けるよう助言をした。子どもの動きがあると授業は一見よく見えるが、付けるべき力が付かないこともある。課題解決の見通しが立つかどうかの確認、学び合いで分からないところがあると教え合い、仲間から学んだことの「振り返り」を確実に記述する授業過程を行うよう促した。この学習過程スタンダードを全教師が取り組むことにより、どの教科でも同じ水準の授業ができた。

学習過程スタンダードには、32項目（具体的な学習指導17＋事前指導15）が記載してある。

具体的な学習指導25項目には、

①前時の振り返り
②問題の提示
③問いをもつ（気付き）
④課題の設定
⑤問いの共有（見通し）
⑥日付・縦線
⑦課題の青囲み
⑧課題の３回読み
⑨シラバスの提示
⑩言語わざ
⑪自力解決
⑫自力解決困難対策
⑬集団解決
⑭ペア学習
⑮班学習
⑯教科進行係
⑰学び合い１、「単純意見交換」
⑱学び合い２「考察」
⑲教師の修正
⑳まとめ（価値の共有）
㉑まとめの発表
㉒まとめのまとめ
㉓振り返り、振り返りの発表
㉕振り返りの振り返り

等がある。各学校は、この学習過程スタンダードを参考にして、学校独自の「○○学校学習過程スタンダード」を作成するとよい。

『高知県授業づくり Basic ガイドブック』

高知県の小学校や中学校の各教科等で、子どもが主体的・協働的に学び合い、自ら考え表現しながら学習を進める授業の基礎・基本となる内容を「Basic」として示している。特徴は、①アクティブ・ラーニングの視点から、学習指導方法等の改善を行うことができるようにする、②各学校や子どもの実態、状況に応じて指導の工夫や改善を図ることができるようにする、③学力の定着が十分ではない子どもを含む全ての子どもが、授業で主体的に学習できるようになるための指導方法等の工夫を提案している等だ。高知県『授業づくり Basic ガイドブック』は、高知県教育センターの HP で公開している。こちらも参考にしてほしい。

これまでの授業スタイルを変えるには迷いがあるだろう。だが、教師が話さなくても授業が進む。子どもが主体的に動くような授業となることを思い浮かべて欲しい。子どもの学ぶ意欲も出て、授業が充実し結果的に学力が向上することになるだろう。

9　子ども版研究協議会のすすめ

授業研究の見直し

学習指導要領が変わるたびに趣旨説明がある。理念を誰しも口にして学校の変容を目指す。だが、学校は変わりきれなかった。学習指導要領が校門や教室の前で止まってしまうことがあるからだ。今回の改訂は、そうしたことはもう許されない。これまでの学習指導要領の在り方そのものが見直されたからだ。特に総則は学びの指南書と言われるぐらいの内容になっている。章立ての見直し、教育課程の編成の進め方等が丁寧に記述されている。具体的な進め方として、アクティブ・ラーニング、カリキュラム・マネジメント、学びの地図等も示された。これで学校が変わるはずだが果たしてどうなるだろう。

これらの具体策の根底にあるのが「主体的・対話的で深い学び」の学び方だ。この解釈には様々な考え方がある。私なりに解釈すれば、「主体的」とは、子ども全員が自分事として学びに積極的に参加することだ。その具体策の一つが全子どもによる「アウトプット」の機会を増やすことだ。また「対話的」とは、単なるペア学習や班学習等の話し合い活動ではない。対話をする中で子ども同士が「教え教えられる活動」を行うことだ。「深い学び」とは、単に学ぶ内容を全子どもで深く掘り下げることではない。子どもが仲間と学びあう中で、メモをしたり、自らの考えをまとめる「振り返り」を確実に行うことこそ深い学びだ。

こうした考えから研究授業や研究協議会等を見直すと、子どもの存在を強く意識するようになる。どの学校でも行われている子ども抜きの教師だけの授業のシミュレーション、教師だけで話し合う授業研究会等は、このままでよいだろうか。これまで当たり前と思われた授業研究や協議会を見直す必要がある。

教師だけで行う研究協議会の問題点

多くの教師が研究授業を教材開発・授業展開・指導目標と評価の作成等を経て行うものととらえてきた。授業者が考えた内容を同僚と吟味し、模擬授業等を経て本番の授業を行う。その後、協議会を済ませて終了という構図だ。こうした過程の中にある研究授業は、果たして有効であっただろうか。また、従来の研究協議会は、授業者を誉め合うことで終えることが多かった。発言者が偏り、若手が発言できないといったこともあった。課題について意見が出されても論点を絞りきれず、改善策を見出せないまま終えることもあった。私自身、そうしたことの改善のためにワークショップ型の研究協議会を取り入れた。だが、授業の質の転換までには至らなかった。それは、教師の論理だけで研究授業や研究協議会を進める学校常識があったからだ。

学習指導要領の趣旨である子どもの主体的な学びは、教師だけの研究授業や研究協議会だけでは達成できない。学習指導要領が変われば、当然、授業運営や指導方法の改善も変えなくてはならない。

子ども版の研究協議会

素晴らしい授業を行う教師には、共通なことがある。授業づくりに子どもたちを参加させていることだ。ある授業で「先生が話す授業より、みんなで話し合う授業が楽しい。」と発言をした子どもがいた。子どもが一人の授業運営者として意識をした言葉だ。こうした子どもの言葉の出る授業を創るには、何を大切にすればよいだろう。前述した教師の例が参考になる。それは、教師だけで授業を創るのではなく子ども参加型の授業だ。

このような子ども参加型の授業を行うためには、子どもたちに授業に責任を持たせるとよい。教師は、授業の中で子どもに任せる所は任せる。子どもたちは教師を頼るのではなく、仲間で学び合いながら課題を解決していく授業だ。

研究協議会も教師だけで話し合うのではなく、子ども自身が授業反省会を行う形も考えられる。全国では、すでにこのことを実践している学校がある。授業後に授業評価という形で子ども同士が協議するようになっている。子ども版の研究協議会だ。子どもたちが自ら授業を振り返るのですぐに次の学習へその反省を活かすことができる。その具体的な取組み方法をご紹介する。まず、ある学校では、子どもたちが「成果・課題・改善策」を評価項目にして話し合う。また、「アウトップトができたか、教え教えられる授業であったか、振り返りの記述ができたか」等で話し合う場合もある。子どもたちが自分自身や学級全体で授業を振り返るので、改善策をすぐに実行することができている。教師は、子どもたちの授業反省会を参観するため、主体的に学ぶ子どもの姿を間近に見ることができる。教師と子どもが協働して授業を創り、それぞれが反省会を行う。私はこれは当たり前のことと思っている。なお、子どもたちが授業反省会を行うので、教師だけの研究協議会は短時間で終えている。これが当たり前と思う教師が増えてきたのも一つの成果だ。

多くの学校では、まだまだ教師だけの研究協議会が多いと思う。これでは、教師同士で話し合った内容が子どもには見えない。そこで、内容を公開（付箋の公開）するとよい。情報開示と同じように、教師の考えた改善策等の付箋を授業学級の子どもに届けるとよい。次の朝、教師が話し合ったことを子どもに公開すれば、こぞって読むだろう。それが子どもたちを励ますことにも繋がる。こうしたことが全国へ波及すれば、教師が主体的な授業はなくなると思う。研究授業や研究協議会の在り方を見直す時期ではないだろうか。

10　保護者目線

教職員の保護者や子どもへの接し方についての細かい取り決めがない。ありそうでないのが学校の現状だ。それは、教職員一人一人に委ねられているからだ。学校は他の組織とは違うという考え方もある。だが、細かい取り決めの上に動くのは学校も他の組織も同じはずだ。かつての勤務校では、OJT ノートを作成し、社会の常識に合わせた動き方を教職員に学ばせていた。特に、保護者目線で学校を観ることを教職員に指導してきた。

学校公開・保護者会の確認事項

時間割通りに授業公開を行うことが当たり前と考え、テストや体験学習を参観させる教師がいた。こうした考え方は通用するだろうか。保護者は、学校へ子どもの様子を見に来校される。テストの場面を見に来るのではない。そこで公開の指針を作成しておくとよい。

かつての勤務校では次のような指針を規定していた。

①研究指定を受けている内容（言語スキル）を公開する
②１日３教科以上を公開し、教科の授業を参観していただく
③テスト時間の公開は行わない
④特別な発表（全時間、総合・生活科の授業等）は行わない
⑤教室を主として使用する
⑥研究指定校であるので全国の教師が来校し参観する日であることを意識する
⑦親子レク、スポーツ大会、お楽しみ会に類する学級活動は行わない（授業カットとなる）
⑧学校公開のためのアンケート用紙を用意する
⑨各学級の入り口に時間割表を掲示し出席表を置く
⑩学年保護者会は、原則として行わない
⑪保護者会の時間は短い時間とする
⑫保護者会用の資料を用意する
⑬担任は清掃をして保護者を迎える
⑭保護者から出された要望は、職員間のワークショップで共有する
⑮副校長に保護者の参加人数を報告する
⑯初任者には、副担任が付く。

三者面談（弱点克服面談）

働く保護者が増えている現状を考えると、家庭訪問より三者面談がよい。かつての勤務校は、夏期休業日の早い時期に三者面談を設定し、弱点克服箇所を説明した。ひと夏で課題解決を図らせることがねらいであった。そこで、次の３点を教師間で共有した。

①観念的な説明ではなく具体的な資料をもとに説明を行う
②夏季休業中の具体的なめあてを７月上旬までに子どもに立てさせて教師の指導を加える
③三者面談で話し合われたことがそれ以降の学校生活で達成ができたかどうかを継続的に評価をする

なお、全教師が次のような資料を揃え、子どもや保護者に助言を行った。

①「あゆみ」（通知表）
②ドリルがんばり表

③各教科・総合的な学習等の学習状況（専科、教科担任からの情報も含む。ノートや作品等で具体的に示す）
④係や当番の活動状況
⑤夏季休業中の具体的なめあて（例、サマースクールに 10 回以上参加して、漢字を身に付けるぞ！）
⑥第 6 学年は、全国学力・学習状況調査の結果の説明
⑦「すばらしい、すばらしい」と褒めるような言葉だけを言わない
⑧保護者からの要望をメモする
⑨教室の清掃を担任が行い保護者を迎える

等だ。資料を用意することを全教師で共有することができたため、質の高い面談を行うことができた。

家庭訪問

子どもがどのような家庭環境の中で育っているかを見るよい機会と捉え、家庭訪問を実施する学校がある。この学校側の論理が保護者に通じるだろうか。かつての勤務校で家庭訪問を実施するかどうかのアンケートを行った。9 割以上の保護者が「必要ない」という意向を示した。「家庭訪問がなくても、個人面談等で話し合いはできる」「仕事を休まなくてはならない」等の理由を挙げていた。そこで、保護者の願いに応えたいと考え即座に中止をした。なお、どうしても必要な場合は、夏休みに実施をするよう担任を指導した。家庭訪問による授業カットは、学力向上のハードルにもなる。一度見直すことをお勧めする。

研究授業、研究協議会（授業反省会）

校内研究は、教師のための重要な会だ。だが、子どもや保護者にとっては、関係のないことだ。だから開催に当たってはくれぐれも迷惑をかけてはならない。

かつての勤務校は、年間 60 回以上の研究授業を行う学校であった。そうした中でも「授業カットをしない」「子どもの早帰りはなし」を貫いた。研究授業は、水曜日の 6 校時（通常は 5 校時で下校）に該当学級だけプラス 1 時間増の時数の中で実施した。7 校時に研究授業を行う場合もあった。研究協議会（反省会）は、30 分以内のワークショップで終えた。時間がない場合は、10 分で終える場合もあった。要は限られた時間内で終えるように工夫したことだ。長時間、研究協議会を行っても効果があるかどうかを疑問に感じたので自校では短時間で実践した。この例を参考に各校で検討していただきたい。

会合のお知らせ

保護者に出席していただく個人面談や会合は、早め早めにお知らせするとよい。働く保護者は、学校の会合のための休暇申請を 3 か月前に出す方もいる。かつての勤務校では、7 月の保護者面談日を 4 月には決定していた。学校や教師の都合で直前や 1 か月前にお知らせすることはほとんどなかった。保護者からは喜ばれていたと思う。

保護者が多忙になっている現実を考えれば、保護者に寄り添う行事や会合等にすることだ。学校の都合や、以前からやっていたことだからというだけで行事や会合を行ってはならない。一度立ち止まり保護者目線で見直すと保護者や子どもの信頼を得られると思う。

11　授業改善の小中連携

ある学校の学習発表会を参観した。同席したのは、同じ地域の異校種の教師であった。参観後の感想を聞くと、「以前は、もっと伸び伸びと発表していたんですが……」「指導しきれていないことが残念です」と。全国の学校を見て感じたことは、子どもが身に付けた資質や能力が、校種が違うことにより引き継ぎがうまくいっていないことであった。

校種が分かれていることのマイナス

小・中学校を歩き、校内研究の温度差、指導方法の違い、学力向上へ取り組む姿勢等の違いを感じとった。多くの学校は、連携の形で補うことを確認しているが、学校文化や風土が違うことを理由に授業等の連携がスムーズにいっていないのが現実だ。

子どもたちも校種や教師の違いにより、授業方法、ノートの使い方、挙手の仕方、授業過程、教師の教え込みの授業等にどう対応したらよいか戸惑っている。一つの例だが、担任や校種によりノートの使い方や発言の仕方等の指導が全く違う。これでは子どもは混乱をする。教師や学校に合わせざるを得ない子どもの気持ちを考えると複雑な心境だ。小・中の教師同士が共通の指導事項を統一すれば多くの課題が解決する。このことにどうして気付かないのだろう。とりわけ、一致した学力向上策は、かなり有効であるのにどうして連携しないのだろう。

校種を合わせただけでは効果がない

各自治体では、国の制度化に先んじて小中一貫教育の取組みを進めてきたが、私には、その例が全部うまくいっているとは思えない。とりわけ教師にはそれぞれの学校文化の意識が強いため、校種を合わせただけでは何も変わらない。現実に、一貫したカリキュラム、評価基準の一体化、校内研究の統合、個人レベルの授業改善等ができていない一貫校があるからだ。

その反省を受け、一貫校として統一すべき内容を挙げてみたい。

①カリキュラム
②評価基準
③学習過程
④校内研究
⑤授業方法
⑥生徒指導
⑦校種を越えた縦の学び
⑧行事
⑨課外活動
⑩ OJT
⑪学力向上策

等が考えられる。こうした内容を統一するためには、目に見えない教師間の壁を取り払うことだ。その上で授業改善を進めることが重要である。小・中の教師がバラバラの指導方法をとっている限り、授業力や学力の向上は望めない。

授業改善の小中連携

授業方法は、小・中学校ともそれぞれにさほど変わらない。だが、校種によりなぜか違う。一番危惧をしているのはそれぞれの教師が自分のペースで授業を進めていることだ。そのため、授業では、反射的な応答と直感的な反応しかしない子どもがいる。また、教師の話術だけでは授業力は上がらず、子どもの心を把握することができていない。教師主導、誘導型の授業が原因だ。この解決には、小・中の教師が連携し次のような研究をするとよい。

(1) 指導方法の統一

小・中の校種で統一することを上げると次の項目が考えられる。

①ノートの使い方
②子ども同士の対話の方法
③話し方
④聞き方
⑤ペア学習や班学習の進め方
⑥全体学習での考察方法
⑦原稿用紙の使い方
⑧板書方法
⑨振り返りの仕方
⑩見通しの立て方
⑪ノートの使い方
⑫ホワイトボードの使い方

等だ。一人の教師、一校という単位でできることは限られている。一致した指導をする仕組みができれば、子どもは伸びる。

(2) 校内研究の進め方の統一

小・中、どちらかが研究を先行している場合がある。ここに方策を見出せる。校内研究がうまくいかない学校は、異校種の学校に学ぶとよい。「まだ交流する時期ではない」と、こだわっていると授業改善はできない。自校だけの論理を捨て、先行研究をしている異校種の学校と一体になり研究を進めれば、教師や子どもは大きく伸びる。

(3) 研究主題の統一

各学校の研究主題を見ると、「主体的」の文字が多い。学習指導要領の核となっている言葉を入れているからだ。そこで、「主体的」を研究主題に統一し、授業研究や学力向上策を共同で研究するとよい。「子どもの実態」が小・中も同じだから研究主題も一本化できる。単独の研究主題に固執していれば、何も変わらない。

(4) 授業者の異校種への乗り入れ

小・中も教科指導の方法は全く同じである。だが現状は、指導方法に相当な開きがある。そこで指導者が校種を越え授業を行うとよい。校種を越えれば、授業をよく知る教師から授業論を学ぶことができる。授業者の乗り入れこそが教師や子どもを伸ばすことにつながる。なお、参観だけの授業研究は避けるとよい。

(5) 研究協議会の一体化

同じ校種の教師では、研究協議会のワークショップで出し合う付箋も似てくる。改善策も同じになる。校種を越えた教師同士がワークショップを行えば、付箋の内容も豊かになる。ワークショップを小・中いずれかの学校がリードするので、単独では難しい学校の研究協議会も活性化することができる。

●著者紹介

西留安雄　にしどめ・やすお

東京都東村山市立萩山小学校長、同市立大岱（おんた）小学校長、高知県教育委員会スーパーバイザー・高知県教育センター若年研修アドバイザーを経て、東京都板橋区稚竹幼稚園長、高知県７市町村研修アドバイザー。大岱小学校では校長として７年間在職。この間、指導困難校だった同校を、授業と校務の一体改革によって都内トップクラスに押し上げ、優秀な教員も輩出させた。現在、北海道から沖縄県まで、多くの学校現場で通年授業アドバイザーなどを務め、「子ども主体の授業」「教師がしゃべりすぎない授業」「全員活躍授業」を目指した授業改革を全国で展開している。

子どもが自ら学びだす「教えない授業」を創る
はじめの一歩から「セルフ授業」まで

令和５年４月10日　第１刷発行
令和６年７月20日　第３刷発行

著　者　西留　安雄

発　行　株式会社ぎょうせい

〒136-8575　東京都江東区新木場1-18-11
URL：https://gyosei.jp

フリーコール　0120-953-431
ぎょうせい　お問い合わせ　検索　https://gyosei.jp/inquiry/

〈検印省略〉

印刷　ぎょうせいデジタル株式会社

ISBN978-4-324-11265-6
（5108864-00-000）
〔略号：教えない授業〕